2020
学習指導要領
対応

小学校社会科

教師がつくる
新しい社会科の授業

― 授業づくりにおける5つのキーワード ―

安野 功 編著

日本標準

はじめに

「新しい学習指導要領が求める社会科の授業をどうつくるか」
これが，本書のテーマです。

2017（平成29）年3月に示された学習指導要領では，これからの小学校社会科の授業づくりにおいて，「社会的事象の見方・考え方」を働かせた学習問題の追究・解決を通して，「公民としての資質・能力」の基礎を育てることを求めています。
　この新しい学習指導要領が求める社会科の授業を実現していくには，まず以下の問いに対する基礎研究が必要です。

■社会科で育む「資質・能力」とは
■社会科における「主体的・対話的で深い学び」とは
■「社会的事象の見方・考え方」を働かせるとは
■「社会に見られる課題の把握」と「選択・判断」とは

　次には，各学年のそれぞれの内容を従前と対比し，新単元・新教材の開発が必要となる大幅な改訂（フル・モデルチェンジ）なのか，これまでの指導計画の一部を見直し・改善する程度の部分的な改訂（マイナー・チェンジ）なのか，わずかな改善事項は見られるが指導計画を改めるほどの改善を必要としないもの（ノー・チェンジ）なのかを見極めることが大切です。
　その上で，どの学年のどの内容について，どんな授業づくりを目指すのかという授業課題を焦点化した社会科の新しい授業づくりにチャレンジするのです。

こうした新学習指導要領に基づく社会科のこれからの授業づくりの実践的な研究と向き合う先生方の戸惑いや悩みに応えるために，本書では，現場の最前線に立つ教師と私とのコラボレーションにより，これからの授業づくりの実践課題を明らかにし，その解決に向けたヒントやアイディアを提案していきます。

　さあ，私たち(國學院大學人間開発学部　安野研究室研究生)と一緒に，社会科の新しい授業づくりにチャレンジしてみませんか。

安野　功

もくじ

はじめに ……… 2

第1章　新しい社会科教育の流れ ……………………………… 6

1　社会科改善の新しい方向性

2　社会科で育む「資質・能力」

3　社会科における「主体的・対話的で深い学び」

4　「社会的事象の見方・考え方」を働かせる

5　「社会に見られる課題の把握」と「選択・判断」

6　社会科に求められる「カリキュラム・マネジメント」

第2章　本書執筆者による
新学習指導要領の読み取り方・新しい授業のつくり方 ……16
～ 座談会 　2020年学習指導要領で，小学校社会科はこう変わる！～

1　新しい学習指導要領を読み解く

2　指導案を見直し，新しい授業をつくる

第3章　研究していくためのポイント ……………………………… 28

1　研究の着眼点

2　第3学年の研究課題

3　第4学年の研究課題

4　第5学年の研究課題

5　第6学年の研究課題

第4章　授業づくりのアイディアとプラン ················· 38

◆本書で扱っている授業プランと特長 ···················· 38

3年　学校のまわりのようす `マイナー・チェンジ` ················ 40
内容（1）「身近な地域や市区町村の様子」〜時数縮減への対応〜

3年　市のようすの移り変わり `フル・モデルチェンジ` ·········· 52
内容（4）「市の様子の移り変わり」〜新単元・新教材の開発〜

4年　自然災害から県民のくらしを守る `フル・モデルチェンジ` ······ 56
内容（3）「自然災害から人々を守る活動」〜新単元・新教材の開発〜

5年　国民の食生活を支える食料生産 `マイナー・チェンジ` ·········· 70
内容（2）「我が国の農業や水産業における食料生産」
　　　　〜これからの食料生産（選択・判断）〜

5年　これからの工業生産 `マイナー・チェンジ` ················ 102
内容（3）「我が国の工業生産」〜これからの工業生産（選択・判断）〜

5年　産業を変える情報 `フル・モデルチェンジ` ················ 116
内容（4）「我が国の産業と情報との関わり」〜新単元・新教材の開発〜

6年　憲法と政治のしくみ `マイナー・チェンジ` ················ 118
内容（1）「我が国の政治の働き」〜単元の導入の工夫〜

6年　日本とつながりの深い国々 `マイナー・チェンジ` ·········· 128
内容（3）「グローバル化する世界と日本の役割」〜国際交流の扱い方の改善〜

5

第1章 新しい社会科教育の流れ

安野 功

1 社会科改善の新しい方向性

　2017(平成29)年３月に新しい学習指導要領が示された。社会科については，全ての教科等にかかわる改訂の基本方針や「社会科，地理歴史科，公民科の改善の基本方針及び具体的な改善事項」を受けて改訂された。

　この度の改訂では，社会科の改善に向けて次の４つの新しい方向性が打ち出されている。

　その１つ目が，「公民としての資質・能力」の基礎を育てることである。

　この度の改訂では，「よりよい学校教育を通じてよりよい社会を創る」という目標を学校と社会が共有し，連携・協働しながら，新しい時代に求められる資質・能力を子どもたちに育む「社会に開かれた教育課程」の実現を目指すという全体の基本方針を受け，各教科等で育成を目指す資質・能力の明確化が図られた。

■「公民としての資質・能力」の基礎の育成

　その結果，「社会科，地理歴史科，公民科」においては，以下の３つの資質・能力，すなわち「公民としての資質・能力」の育成を目指し，教科の目標や各学年の目標及び内容の改善が行われたのである。

〈公民としての資質・能力〉

○「知識・技能」
　　社会的事象等に関する理解などを図るための知識と社会的事象等について調べまとめる技能

○「思考力・判断力・表現力等」
　　社会的事象等の意味や意義，特色や相互の関連を考察する力，社会に見られる課題を把握して，その解決に向けて構想する力や，考察したことや構想したことを説明する力，それらを基に議論する力

○「学びに向かう力・人間性等」
　　主体的に学習に取り組む態度と，多面的・多角的な考察や深い理解を通して涵養される自覚や愛情など　〔小学校学習指導要領解説　社会編　第１章総説　2 社会科の改訂の趣旨及び要点〕

なお，小・中学校社会科では，これらの基礎の部分を育成することとしている。この「資質・能力」を位置付けた目標や内容の改善については，後ほど詳しく述べていく。

2つ目が，「社会的事象の見方・考え方」を働かせた学びの過程を充実させることである。

この度の改訂では，「主体的・対話的で深い学び」の実現に向けた授業改善を推進するという全体の基本方針を受け，小学校社会科については，現行学習指導要領の下で推し進められてきた問題解決的な学習の充実とその具体策として，「社会的事象の見方・考え方」を働かせた問題の追究・解決という新しい方向性が打ち出されている。

そのポイントとなる「主体的・対話的で深い学び」，「社会的事象の見方・考え方」を働かせることなどについては，後ほど詳しく述べていく。

3つ目が，社会との関わりを意識して学習問題を追究・解決する学習を充実させることである。

この度の改訂では，「社会科，地理歴史科，公民科の改善の基本方針」の1つとして，社会に見られる課題を把握して，その解決に向けて構想する力や，構想したことを説明する力，それらをもとに議論する力等を育てることを求めている。

これらの力を育てるには，これまでの社会生活の理解を深める学習を一歩進め，そこでの学びの結果を"よりよい社会の形成"という観点で実社会・実生活に活用・応用し，「今のままでこの先も大丈夫か。解決すべき課題は何か」と問いかけ，社会に見られる課題を把握する学習や，その課題の解決策や社会への今後の関わり方を複数見いだし，よりよいものを「選択・判断」する学習などを新たに加えた，社会との関わりを意識して学習問題を追究・解決する学習が新たに求められているのである。

そのポイントとなる「社会に見られる課題の把握」と「選択・判断」については，後ほど詳しく述べていく。

4つ目が，現代的な諸課題等を踏まえた教育内容の見直し・改善を図ることである。

社会に見られる課題を把握し，その解決に向けて選択・判断する力を養うために，将来につながる現代的な諸課題を踏まえた教育内容の見直しが行われている。自然災害時における地方公共団体の働きや地域の人々の工夫・努力等に関する指導の充実，情報化に伴う生活や産業の変化に関する教育内容等の見直し・改善などがその一例である。

■「社会的事象の見方・考え方」を働かせた学びの過程の充実

■社会との関わりを意識して学習問題を追究・解決する学習の充実

■現代的な諸課題を踏まえた教育内容の見直し・改善

2 社会科で育む「資質・能力」

　この度の改訂では，社会科の教科目標が，以下の通り「資質・能力」を前　■「資質・能力」
面に打ち出す形で大きく改められた。

　社会的な見方・考え方を働かせ，課題を追究したり解決したりする活動を通して，グローバル化する国際社会を主体的に生きる平和で民主的な国家及び社会の形成者に必要な公民としての資質・能力の基礎を次のとおり育成することを目指す。

(1)　地域や我が国の国土の地理的環境，現代社会の仕組みや働き，地域や我が国の歴史や伝統と文化を通して社会生活について理解するとともに，様々な資料や調査活動を通して情報を適切に調べまとめる技能を身に付けるようにする。

(2)　社会的事象の特色や相互の関連，意味を多角的に考えたり，社会に見られる課題を把握して，その解決に向けて社会への関わり方を選択・判断したりする力，考えたことや選択・判断したことを適切に表現する力を養う。

(3)　社会的事象について，よりよい社会を考え主体的に問題解決しようとする態度を養うとともに，多角的な思考や理解を通して，地域社会に対する誇りと愛情，我が国の将来を担う国民としての自覚，世界の国々の人々と共に生きていくことの大切さについての自覚などを養う。

〔小学校学習指導要領 第2節 社会　第1 目標〕

　すなわち，(1)が「知識及び技能」，(2)が「思考力，判断力，表現力等」，(3)　■「知識及び技
が「学びに向かう力，人間性等」に関わる目標である。　　　　　　　　　　　　能」「思考力，
　各学年の目標及び内容についても，教科の目標と同様に，「資質・能力」　　判断力，表現力
を前面に打ち出す示し方へと改められている。　　　　　　　　　　　　　　　等」「学びに向
　具体的には，以下の通りである。　　　　　　　　　　　　　　　　　　　　かう力，人間性
　　　　　　　　　　　　　　　　　　　　　　　　　　　　　　　　　　　　等」

〈新学習指導要領の示し方〉
　[A＝学習のテーマ]について，学習の問題を追究・解決する活動を通して，次の事項を身に付けることができるよう指導する。
　ア　次のような知識や技能を身に付けること。
　　(ｱ)　[B＝知識(理解させたい事柄)]を理解すること。
　　(ｲ)　[C＝調べる技能]などで調べて，[D＝まとめ方の技能]などにまとめること。
　イ　次のような思考力，判断力，表現力等を身に付けること。
　　(ｱ)　[X，Y，Z＝調べる視点(着眼点)]などに着目して，[E＝調べる活動を通して捉えさせたい事実(考えるもとになる情報)]を捉え，[F＝考えさせること]を考え，表現すること。

8

これを，以下に示す従前の学習指導要領の示し方と比較してみると，両者の違いと関係が見えてくる。

〈従前の学習指導要領の示し方〉
　[A＝学習のテーマ] について，次のことを [B＝学習の仕方] して調べ，[C＝考えさせること] を考えるようにする。
　ア　[D＝調べる具体的な対象]

　その違いとは，新学習指導要領では，育成を目指す「資質・能力」が前面に打ち出されているのに対して，従前の学習指導要領では，「何を，どのような方法で調べ，何を考えさせるのか」という社会科の学習活動のプロセスが見えてくる示し方となっていることである。
　一方，両者の関係とは，新学習指導要領の思考力，判断力，表現力等の記述の途中に，技能と知識を次のように組み込むと，現行の学習指導要領と極めて類似した言い回しに書き改めることができることである。

　[A] について，学習の問題を追究・解決する活動を通して，[X，Y，Z] などに着目して，[C] などで調べて，[D] などにまとめ，[E] を捉え，[F] を考え，表現することにより，[B] を理解する。

　これを逆に見れば，従前の学習指導要領の内容について，知識や技能，思考力，判断力，表現力等という資質・能力の要素ごとに抽出し書き分ければ，新学習指導要領の示し方に改めることができるのである。
　なお，新学習指導要領では，[X，Y，Z] など「何に着目して」調べるのかという調べる視点（着眼点）と，[B] など「何を理解させる」のかという，学習活動の詳しいプロセスと結果が盛り込まれた詳しい示し方となっている点が大きな特色である。
　そのことを踏まえ，これからの授業づくりにおいては，上記の調べる視点（着眼点）などに特に留意することが大切である。

3　社会科における「主体的・対話的で深い学び」

　この度の改訂では，各学校が指導計画を作成する際に，全ての教科等に対して，「主体的・対話的で深い学び」の実現を目指すという，学習のプロセスの改善を求めている。各教科等で育む資質・能力を育てるためである。
　そのことを踏まえ，これからの社会科の授業づくりにおいては，「主体的・対話的な学びとは何か」「深い学びとは何か」を明らかにすることが大切で

■「主体的・対話的で深い学び」

第1章　新しい社会科教育の流れ　9

ある。

そこでまず，「主体的・対話的な学び」とは何かについて，検討を加えておきたい。

社会科は，本来「social studies」の日本語訳である。学習の主体者である子どもが自ら問いを見いだし，共に学び合う仲間と対話するなどの社会的な関係を通して探究し合う教科なのである。そのことを踏まえ，社会科においては，その本来の学び，すなわち子ども一人ひとりが学びの主役となり，共に学び合う仲間と協働して学習問題を追究・解決していく問題解決学習の充実に努める必要がある。このことが，社会科における「主体的・対話的な学び」を実現する鍵を握っているからである。

その根拠として，新学習指導要領では，各学年の目標及び内容において，学習問題を追究・解決する活動を通して資質・能力を育成する旨の記述が盛り込まれていることを指摘しておきたい。

そのことを踏まえ，授業づくりの実際においては，次の点に留意する必要がある。

○子ども一人ひとりが学習対象に興味・関心や問題意識をもつようにする。
○その上で，自ら問い（＝「？」）を見いだし，予想や学習計画，追究の方法を考え，吟味し合うなどの学習を工夫し，問題解決の見通しをもつようにする。

なお，「対話的な学び」については，学習問題を追究・解決する過程で，子どもたち同士の対話的な話し合い活動を充実させることが大切である。それはこれまで通りであるが，さらに実社会を支えている人々が社会に見られる課題に立ち向かう姿を授業で意図的に取り上げ，その人と対話するといった学習にも力を入れていくことが大切である。

次に，「深い学び」とは何かについて，検討を加えておきたい。

この「深い学び」については，次の2つの場面での学習活動を充実させ，それぞれの学びをステップアップしていくことが大切である。

1つ目は，学習問題を追究・解決する学習の場面である。ここでは，「社会的事象の見方・考え方」を働かせて，学習問題を追究・解決する問題解決的な学習を充実させていく必要がある。

具体的には，子ども自らが社会的事象の見方・考え方を働かせ，見学や調査，資料活用などを主体的に行い，具体的な事実（情報）を捉え，それらをもとにして社会的事象の特色や意味を考え，社会の中で使うことのできる応用性や汎用性のある概念などに関する知識を獲得できるよう，子どもが主役となる問題解決的な学習を展開していくのである。

■「主体的・対話的な学び」

■「深い学び」

■学習問題を追究・解決する学習場面の充実

なお，「社会的事象の見方・考え方を働かせる」とは，具体的に，何をどうすればいいのかについては，後ほど詳しく述べていく。

2つ目は，学習問題の追究・解決を通して，学び取ったことを実社会・実生活に活用する場面である。ここでは，社会に見られる課題を把握し，その解決に向けて社会への関わり方を選択・判断することなどの活動を工夫することが大切である。既に触れたが，ここでのキーワードとなる「社会に見られる課題の把握」や「選択・判断」については，後ほど詳しく述べていく。

■学習問題の追究・解決を通して，学び取ったことを実社会・実生活に活用する場面の充実

4 「社会的事象の見方・考え方」を働かせる

すでに触れたが，この度の改訂では，「社会的事象の見方・考え方」を働かせて，学習問題を追究・解決することが強く求められている。

ところで，「社会的事象の見方・考え方」とは，どのような意味なのか。これについて，「社会科，地理歴史科，公民科の改善の基本方針」では，次のように説明されている。

■「社会的事象の見方・考え方」

> 「社会的な見方・考え方」（小学校では「社会的事象の見方・考え方」）は，課題（小学校では「問題」）を追究したり解決したりする活動において，社会的事象等の意味や意義，特色や相互の関連を考察したり，社会に見られる課題を把握して，その解決に向けて構想したりする際の視点や方法である。
>
> 〔小学校学習指導要領解説　社会編　第1章総説　2 社会科の改訂の趣旨及び要点〕

さらに，小学校の新学習指導要領においては，「社会的事象の見方・考え方」について，次のような固有の意味が付与されている。

> 社会的事象を，①位置や空間的な広がり，②時期や時間の経過，③事象や人々の相互関係などに着目して捉え，比較・分類したり総合したり，地域の人々や国民の生活と関連付けたりすること。

つまり，「社会的事象の見方・考え方」とは，学習問題を追究・解決したり，社会に見られる課題を把握し，その解決に向けて社会への関わり方を選択・判断する際の視点や方法であり，具体的には，「①位置や空間的な広がり，②時期や時間の経過，③事象や人々の相互関係などに着目して事実（情報）を捉える」ことや，それらを「比較・分類したり総合したり，地域の人々や国民の生活と関連付けたりする」ことである。

この「社会的事象の見方・考え方」については，各学年のそれぞれの内容において，思考力，判断力，表現力等に関する記述の中で具体的に示されて

第1章　新しい社会科教育の流れ　11

いる。

　例えば，新学習指導要領の第5学年の内容(5)の(ア)「国土の自然災害」では，思考力，判断力，表現力等について，「災害の種類や発生の位置や時期，防災対策などに着目して，国土の自然災害の状況を捉え，自然条件との関連を考え，表現すること」としている。

　この学習では，「これまで我が国では，いつごろ，どこで，どのような自然災害が発生したのか」「自然災害による被害を減らすために，だれが，どのような対策をとっているのか」といった問いを立てて資料で調べることになる。この前者が，時期や時間の経過，位置や空間的な広がりに着目して社会的事象を捉えることであり，後者が，事象や人々の相互関係などに着目して捉えることである。

　こうした学習は，これまでも行われていたものであるが，その視点が学習指導要領の内容ごとに具体的に示されたところに，この度の改訂の大きな特色がある。

　そのことを踏まえ，これから授業づくりにおいては，「社会的事象の見方・考え方」を，どのような「問い」と「資料」で具現化するのかが，大きなポイントとなる。

5　「社会に見られる課題の把握」と「選択・判断」

　この度の改訂では，「社会科，地理歴史科，公民科の改善の基本方針」の1つとして，社会に見られる課題を把握して，その解決に向けて構想する力や，構想したことを説明する力，それらをもとに議論する力等を育てることを求めている。

■「社会に見られる課題の把握」
■「選択・判断」

　これを受け，小学校の新学習指導要領では，教科の目標や学年目標の思考力，判断力，表現力等において，社会に見られる課題を把握して，その解決に向けて社会への関わり方を選択・判断したりする力を育てることを求めている。

　このことについては，前述の「主体的・対話的で深い学び」において既に触れたが，この度の改訂では，社会的事象の特色や相互の関連，意味などを考え，現在の世の中がどのようなしくみや人々の働きで成り立っているのかを理解すること，すなわち社会生活の理解を深める学習の学びの成果を，"持続可能な社会などよりよい社会を目指す"という未来志向の観点を加えて実社会・実生活に活用・応用し，「今のままでこの先も大丈夫か。解決すべき課題は何か」などの新たな問いを引き出す学習，すなわち「社会に見られる課題を把握する」学習をまず行う。

　その上で，そうした課題の解決に向けて，「何をどのように改善したらい

いのか」「自分はどのように関わっていったらいいのか」などと問い，課題の解決策や社会への今後の関わり方について複数の考えを導き出す。その中から「根拠をもって，よりよいと考えたものを選び，その理由を説明する」など，個々の子どもが自ら「選択・判断」する学習を行っていく。

こうした社会に見られる課題を把握して，その解決に向けて社会への関わり方を選択・判断したりする力を育てる学習を行う上で，特に留意すべき点が2つある。

1つ目は，この学習の"社会科としてのねらい"を明らかにすることである。

■「社会科としてのねらい」の明確化

この度の改訂では，よりよい社会を考え，主体的に問題解決する力や態度，学習したことを自らの社会生活に生かそうとする態度など，社会の形成者に求められる公民としての資質・能力の基礎を育成することがねらいである。従前に散見された，"社会に見られる課題の把握"というプロセスを抜きにした"安易な行動化や実践化"を求めているわけではないことに留意する必要がある。

2つ目は，新学習指導要領の各内容の取扱いを熟読し，こうした学習が各学年のどの内容において求められているのかを押さえておくことである。

■新学習指導要領の各内容の取扱いをもとにした検討

社会に見られる課題を把握して，その解決に向けて社会への関わり方を選択・判断したりする力を育てる学習については，全ての学年の全ての内容において行うというものではない。どの学年のどの内容においてどのような学習を行う必要があるのかが，学習指導要領の内容の取扱いに具体的に示されている。逆の言い方をすれば，こうした学習が取扱いに示されていない内容については，行う必要はない。

ここで参考までに，各学年でどのような学習が求められているのか，その一部を例示しておく。

〈第3学年の内容（3）「地域の安全を守る働き」〉
　地域や自分自身の安全を守るために自分たちができることなどを考えたり選択・判断したりできるよう配慮すること
〈第4学年の内容（2）「人々の健康や生活環境を支える事業」〉
　ごみの減量や水を汚さない工夫など，自分たちにできることを考えたり選択・判断したりできるよう配慮すること
〈第5学年の内容（2）「我が国の農業や水産業における食料生産」〉
　消費者や生産者の立場などから多角的に考えて，これからの農業などの発展について，自分の考えをまとめることができるよう配慮すること。

6 社会科に求められる「カリキュラム・マネジメント」

　この度の改訂では，各学校が「主体的・対話的で深い学び」の実現に向け
た授業改善等を進める際，学校全体として，カリキュラム・マネジメントに
努めることを求めている。

■カリキュラム・マネジメント

　ところで，カリキュラム・マネジメントとはどのような意味なのか。これ
について，総則では，次のように説明している。

　児童や学校，地域の実態を適切に把握し，教育の目的や目標の実現に必要な教育の内
容等を教科等横断的な視点で組み立てていくこと，教育課程の実施状況を評価してその
改善を図っていくこと，教育課程の実施に必要な人的又は物的な体制を確保するととも
にその改善を図っていくことなどを通して，教育課程に基づき組織的かつ計画的に各学
校の教育活動の質の向上を図っていくこと

〔小学校学習指導要領 第1章 総則　第1 小学校教育の基本と教育課程の役割〕

　つまり，各学校が自己の責任において，子どもや学校，地域の実態を適切
に把握し，教育内容や時間の配分，必要な人的・物的体制の確保，教育課程
の実施状況に基づく改善などを行い，教育活動の質を向上させ，学習の効果
を最大限に発揮できるようにしていくのである。

　これらのうち，社会科が今すぐに取り組まなければならない実践上の課題
は，教育内容や時間の配分である。

　具体的には，新学習指導要領の目標，内容及び取扱いなどを分析するとと
もに子どもや学校，地域の実態を把握し，それらに基づいて各学年の単元の
配列と授業時数の配分を行い，自校の社会科の年間指導計画を作成していく。

　その際，この度の改訂で，次の2つの内容に関する取扱いについて，「軽
重を付ける」趣旨の規定（下線部）が新たに設けられたことに特に留意する
必要がある。

■「軽重を付ける」趣旨の規定

〈第3学年の内容（1）「身近な地域や市区町村の様子」〉
　学年の導入で扱うこととし，アの(ア)については，「自分たちの市」に重点を置くよう
配慮すること。
〈第3学年の内容（3）「地域の安全を守る働き」〉
　アの(ア)の「緊急時に対処する体制をとっていること」と「防止に努めていること」に
ついては，火災と事故はいずれも取り上げること。その際，どちらかに重点を置くな
ど効果的な指導を工夫すること。

　ここで言う「自分たちの市」に重点を置くとは，学校の周りの様子を観察・

調査する学習をこれまでよりも軽く扱い，単元全体の指導時間数を縮減することであると考えられる。

　また，火災と事故の「どちらかに重点を置く」とは，例えば，火災では「緊急時の対処」に重点を置いて消防署見学を行う，事件や事故では「未然の防止」に重点を置いて地域の安全施設や関係機関と地域の人々の協力による事故防止や防犯のための活動を調査する活動を行うなど，学習活動に軽重を付け指導時数にも軽重を付けることが考えられる。

　なお，後ほど，詳しい解説や授業プラン等について述べていくので，そちらを参照していただきたい。

第2章 本書執筆者による 新学習指導要領の読み取り方・新しい授業のつくり方

～座談会 2020年学習指導要領で、小学校社会科はこう変わる！～

司会　安野功（國學院大學人間開発学部教授）
　　　関根均（埼玉県熊谷市小学校教諭）
　　　大熊弘明（埼玉県深谷市小学校教諭）
　　　小林孝太郎（埼玉県さいたま市小学校教諭）
　　　栗原完（埼玉県本庄市小学校教諭）

1　新しい学習指導要領を読み解く

新しい学習指導要領の率直な感想

安野：2020年から始まる、新しい学習指導要領が示されました。先生方、これを読んだときの率直な感想をお聞かせください。

関根：読んでみて、知識・技能と思考力・判断力・表現力がそれぞれ記述され、身に付けるべきこと、考えさせるべきことがしっかりと明確化されているので、教師がそこをしっかりと教えなければならない、考えさせなければならないということが明確になったと感じました。

安野：ということは、わかりやすくなったということでしょうか。

関根：そうですね。でも、どういうふうに指導していけばいいのかと感じました。

左より、栗原教諭、小林教諭、安野教授、関根教諭、大熊教諭

安野：なるほど。では，次に大熊先生は，いかがでしょうか。

大熊：今までのいろいろな授業研究や社会科の授業プランを見たり考えたりしてきて，実際に授業を行うと，時間的にも内容的にも重いと感じることがあります。すぐれた実践ではあるんですけれども，ちょっと難しい，現場レベルでは難しいという内容を，今回の学習指導要領ではそのあたりが少しコンパクトにできるような感じがします。

安野：小林先生はいかがでしょうか。

小林：最初読んだときに，観点が3つに整理されているのがわかりやすいと感じました。しかし，これは自分が社会科を好きだからわかりやすいと感じたのであって，もし社会科を専門としていない先生のことを考えたら，逆にちょっと重たくなった，ここまでしっかりとやらなければいけないということがより明らかになってしまって，実際の授業を行うときに戸惑いが出てしまうのではないかと思います。

安野：栗原先生はいかがでしょうか。

栗原：前回の学習指導要領と比べて，書きぶりが大きく変わったというのが第一印象です。学習指導要領全面に社会的な見方・考え方を働かせることが押し出されていて，またその学ぶ内容もそうですけど，学ぶ順番が変わっているところもあって，今まで社会科を一生懸命研究してきた人からすると，頭をやわらかくして考え方を変えないと，難しく感じてしまうと思います。

安野：今，第一印象をお聞きして，資質・能力ベースで書かれているということについて，どういう資質・能力を身につけるのか，とくに知識・技能，理解させることがはっきりし，わかりやすくなった反面，ここまでやらなくてはならなくなったのかというところが逆に厳しい，できるかなあという不安があるということだと思います。

3年と4年の学習内容がわかれる

安野：それでは，具体的に見ていきたいと思います。今回，3年と4年がわかれて目標や内容が示されています。何か，お感じになったことはあるでしょうか。

小林：3年の内容で言うと，難しくなっているのが正直な印象です。例えば新しく入った「市の様子の移り変わり」では，今までは昔の道具の移り変わりで，ある程度具体的なものを教師が示せばよいし，そこから考えればよいということがあったと思います。しかし，「市の様子の移り変わり」となると，子どもたちにとっては抽象度が増すイメージもあるし，また教師も具体的に子どもたちに理解させるために，資料をしっかりと用意していかなければならないところがつらくなってくると思います。

関根：4年では，自分たちの地域の教材を扱って，よりよい社会を考えるときに，やりがいがあると感じます。ただ，社会科を一生懸命やっている人

はよいかもしれませんが，社会科が得意ではない先生はプレッシャーを感じることもあろうかと思います。

3年から地図帳を使う

安野：3年は初めから地図帳を使っていくことになっていますが，この点についていかがですか。

栗原：実際に現場でも地図帳の活用は重要だと思っていますが，なかなか時間の中で活用していくのが難しいのが現状です。ですので，早い段階から使うというのは，一定のメリットがあると思います。また，国旗なども扱うと明記されていますが，子どもたちもテレビや本の中で国旗を見たりしていますので，十分に扱うことができるのではないかと考えます。

安野：ズバリ，現場の若い先生方は地図帳を活用されていますか。

小林：5・6年の担任の先生に聞くと，地図帳が教科書という意識が薄い先生が多いかなと。とくに歴史単元になると，「歴史でしょ」ということで，地理的な感覚をもたないで教えている先生もいるようです。そういうところも改善が必要だと思います。

安野：地図帳が教科用図書であるということを意識して，どうやって地図帳を使っていくか，ある程度計画的に使っていかないと，飾りになってしまうかもしれませんね。

3年では，教える内容が増える

安野：3年では，今までは「学校のようす」

や「市のようす」をやり，そのあとに「店の仕事」「物をつくる仕事」，最後に「道具からくらしの変化をみる」という学習でしたが，今度はそこに加えて，「消防や警察の仕事」が3年に入ります。この構成についてどうでしょうか。いわば，一つ単元が増えることになりますが…。

栗原：時間数が変わっていない中で，単元が増えるというのは，扱う内容の軽重をつけていかないと難しいと思います。

安野：新しい学習指導要領では，「自分たちの市」に重点を置くことになり，逆に言うと学校のまわりのことを軽く扱うということになると思いますが，軽く扱うというのはどのようにイメージされていますか。

栗原：時間数が限られている中で，コンパクトにしていかなければならないと思うと，そのためには既習を生かすということが大切だと思います。2年の生活科でもまちたんけん等をしていますので，その内容をしっかりと3年の学習とリンクさせることが考えられます。

安野：軽く扱うというと，どういうことが考えられますか。

栗原：学校のまわりを何時間もかけて見ていくのは難しくなると思います。

安野：ポイントをしぼるということが大切になってきますね。今のように，学校のまわりの東・西・南・北を見て，実際に歩いて地図をつくって，という学習をやれば，当然10時間から12時間までかかってしまいますよね。このあたりが課題になってくるとい

関根均教諭

うことでしょうね。

3年で学習する「地域の安全を守る働き」

安野：「地域の安全を守る働き」の内容の取り扱いを見ると、"未然の防止"、あるいは"緊急時の対処"が挙げられています。仮に、"緊急時の対処"に重きを置くとしたら、「警察の仕事」と「消防の仕事」のどちらが妥当でしょうか。

栗原：「消防の仕事」ではないでしょうか。火事が起きたときにどう連携して消火するかということが今までの学習でもあったので、「消防の仕事」のほうが妥当だと思います。

安野：確かに、火事の場合は消し遅れると被害が大きくなりますよね。さらに火事の場合は見学の学習が消防署でやりやすいですよね。逆に「警察の仕事」については、"未然の防止"に重きを置くのが妥当でしょう。"未然の防止"は地域と関係機関との協力がセットになり、「消防の仕事」よりも「警察の仕事」のほうがやりやすいのではないでしょうか。

小林：3年の交通安全教室では、自転車の取り扱い方で警察の人が来たり、5年ではインターネット教室で警察の人が教えてくれたりするなど、学校と関わることがあります。そのあたりで学習を意識させるとよいかと思います。

安野：地域の協力というのは、どういう人が考えられますか。

栗原：防犯パトロールがありますね。

安野：防犯や登下校のときの安全などがありますね。そう考えると、ここは何とかイメージがわきますね。

4年の「県内の伝統や文化」が変わる

安野：4年の学習でも、いくつかの変更点が出てきます。例えば、内容（4）に置かれている「県内の伝統や文化、先人の働き」。これは、今まで地域に残されている文化財、あるいは祭りを、市町村レベルで学習することが多くなっていたと思います。内容の取扱いのところを見ると、

「県内の主な文化財や年中行事を大まかに分かるようにする」

とあります。つまり、私たちの県ではどのような文化財や伝統的なものがあるのだろうという問いによって、県を代表するような祭りの学習をするようになる。今までとかなり内容が変わると考えられますが、このあたりはいかがでしょうか。

栗原：今までどちらかというと、自分の地域の扱いであったのが、もっと視野を広げていることが意識されているのではないでしょうか。

小林：地域の祭りは，市の文化財に指定されていても先細りになっていて，扱うのが難しいという実態もありました。今，県に広げてもらえると，県でさかんにやられていることが扱いやすくなるかもしれません。

安野：ちなみに，先生方は埼玉県ですが，埼玉県を代表する祭りと言えば，何がありますか。

全員：秩父夜祭，うちわ祭，川越祭り，深谷祭り…。

安野：例えば，深谷市の先生が秩父夜祭を学習することについてはいかがですか。

大熊：伝統という意味では，歴史的にたいへん意義深い祭りなので学ぶ価値はあると思います。ただ，子どもたちが伝統継承について中学年なりに実感をもって理解できるのかというと，そこは工夫が必要だと思います。

関根：秩父夜祭と深谷祭りはいずれも山車を引いてやるものなので，関連性があるのではないかと感じます。そういうところで汎用性ややりやすさがあると思います。

安野：そのときに，内容の取扱いを見ると，次のような記述がありますね。

> 「地域の伝統や文化の保存や継承に関わって，自分たちにできることなどを考えたり選択・判断できるよう配慮する。」

この場合の学習で秩父夜祭を学習したときに，深谷の子どもが秩父夜祭を継承したり，自分たちができることを考えさせたりしますか。それとも，その部分は自分たちのところに戻しますか。

関根：やはり自分たちのところに戻すと思います。

栗原：自分たちにできることを考えさせるのであれば，自分の地域のほうが子どもたちにとって考えやすいのかなと思います。

安野：そうすると，この場合の単元構成は，まず県の中で「どういう文化財や年中行事があるのでしょうね」という学習をして，次に代表的な秩父夜祭とはどのように行われているのかをやり，身近な地域の祭りについて考えるようにする。単元構成はかなり複雑ですね。時間数も限られていますしね。

　細かく読み込んでみると，どのように組み立てたらよいのか，実践上の課題があるということが見えてくるという感じはしますね。

各地の社会科副読本も大きく改訂が必要

安野：さらに県レベルということになると，皆さんの地域の副読本は県レベルを意識してつくられていますか。それとも，自分の地域を意識してつくられていますか。

大熊弘明教諭

関根：今，副読本に携わっているのですが，市が中心ですね。

安野：例えば4年では県レベルの学習の意識をもって副読本をつくらないと，今までの副読本づくりとはちがうということになりませんか。

栗原：大きく改訂しないといけませんね。

4年での「自然災害」の学習の意味

安野：同じように，県レベルの課題として出てきているのは，自然災害の学習です。今までの自然災害は，5年の国土の学習で行っていました。それに対して，ここでは，知識・技能で，

「地域の関係機関や人々は，自然災害に対し，様々な協力をして対処してきたことや，今後想定される災害に対し，さまざまな備えをしていることを理解すること」

とあります。さらに内容の取扱いで，

「地震災害，津波災害，風水害，火山災害，雪害などの中から，過去に県内で発生したものを選択して取り上げること」

とあります。このような学習はこれまでやってきているでしょうか。

全員：やってないですね…。

安野：ですよね。ということは，少なくとも，まず初めに自分の県で過去にどのような災害が発生したのだろう，どこでどんな災害が発生したのだろう，そこでどのような被害を被ったのだろう，という学習を加えないとできないということになりますね。ですので，実際に副読本にそのよう

な内容を盛り込んでいく必要があります。ですから，副読本の編集作業として，これまで3年，4年といっしょになっていたものが，3年は3年，4年は4年となり，とくに4年の副読本づくりというのはものすごく新しい宿題，課題が出ているというのがわかりますよね。そういう意識で，先生方がこれを読んでいたかどうかですけれど，いかがでしたか。

全員：読めていなかったですね…。

安野：そうすると，もしかすると全国の先生方もそういう視点はなくて，現時点ではこう変わったんだなというところかもしれませんね。実際に学習指導要領が変わったときには，このような視点で読み込まなければならない。それが課題かもしれません。

5年での「情報」の学習の変化

安野：続いて，5年です。5年はパッと見ると大きく変わっていないように見えますが，実は非常に難しい変化が1カ所あります。

関根：情報，でしょうか。

安野：そうですね。今回，「我が国の産業と情報との関わり」となっていて，とくに知識・技能で，

「大量の情報や情報通信技術の活用は，様々な産業を発展させ，国民生活を向上させていることを理解すること」

となっています。この文を読んで，具体的にどのような産業のイメージがわきますか。

関根：情報通信技術というのはよくわから

ないのですが，情報と考えるとビッグデータがあると思います。

安野：なるほど，ビッグデータの活用とすると，具体的な産業は何がありますでしょうか。

栗原：飲食店，販売業等があるでしょうか。

関根：客がどういう嗜好が多いのか，時期によってこういうのがいいからこの時期にこういうのをやっておけばもうかるとか，これはいらないからコスト削減になるというところに活用できるのではないでしょうか。

大熊：やはりネットショッピング。ネットでショッピングしたものを，宅配便で届くという産業などですね。

小林：ある衣料品メーカーは情報を活用して，バラバラだった規格を一気に統一してコストを削減するということを言っていました。

安野：人工知能と言っていましたね。

小林：そうですね，ＡＩと絡めてやるというのも新しい段階に入っていくのではないでしょうか。

栗原：例えば，通販の一部になるかもしれませんが，交通の情報やデータをうまく操作して運ぶことも考えられるのではないでしょうか。

安野：そこで，内容の取扱いで例示を見ると，販売，運輸，観光，観光サイトっていろいろありますよね。比較するサイトとか，今，観光の費用がバラバラなので，統一したサイトがありますよね。医療，これもありますね。福祉，これは産業なんでしょうか。さらに考えなければならないのは，この教材化ができるかどうか。教材化のイメージはわきますか。

栗原：医療は，現在扱っている情報ネットワークとちがってくるのでしょうか。

安野：いちおう，産業利用となっていますね。医療の産業利用をどのように考えるとよいでしょうか。

大熊：医療は患者が病状や病歴がいろいろな病院にかかっても診られる，的確に情報が共有できるか。だから，福祉も情報の共有としていくのかなとイメージしてみたのですが…。

安野：産業のジャンルに入るかどうか，ちょっと難しいところがあるかもしれませんね。このあたりもこれからどうなるか，教材自体ができるか，子どもの教材がどうなるか，やらなければいけないことですが，なかなか難しい課題ですね。

4年と5年の「災害」の学習のちがい

安野：4年に災害が入りますが，5年にも災害が残っています。これについては，先生方，どう考えますか。

関根：4年は県レベルで，しかも関係機関とのつながりが主になってきますが，5年のほうは国土に関する災害になりますね。そのへんのすみわけが難しそうです。

安野：これまでは，どちらかというと国土の災害で入っていながら，出口が自分の地域の災害でしたね。内容の取扱いを見ると，4年では

「日頃から必要な備えをするなど，自分たちにできることなどを考えたり選択・判断したりできるよう配慮する」

とあり，自分の問題として社会に見られる課題を把握することになります。一方，5年はそれがないんですよね。内容で，

「災害の種類や発生の位置，時期，防災対策などに着目して，国土の自然災害の状況をとらえ，自然条件との関連を考え，表現すること」

だけなんですね。ですから，これまで5年が行ってきたような自分のところに戻す学習はむしろ4年の学習として活用されるべきである，と考えれば，これまでの実践研究や成果が生かされると思います。逆にここで同じようなことをやってしまいますと，4年との重複になりますよね。そういう意味では，5年の指導計画をもう一度きちんと見直す，ほんとうに国土の災害の学習になっているかどうか，という吟味が必要になりそうですね。

6年では，歴史よりも政治を先に学習

安野：続いて6年ですが，いちばん大きく変わったのは順序ですね。この順序について，どう感じますか。

栗原完教諭

栗原：政治が先に来ていますね。政治が今まで後ろのほうに来ていて，しっかりと学ばせることができていない状況ですので，しっかりとやりなさいということだと思います。

安野：現実的には，今まで歴史の学習に重点が置かれていて，政治の学習は，軽くとはいいませんけれど，扱われ方が小さかったというのが現実だったということだと思います。

栗原：時期的に厳しかったですね。

安野：これまでは，自分たちの生活と政治の関連なので，地方自治が多かったのではないでしょうか。国の政治に関する学習というのが，どうもとってつけたようだった，という実態がありませんでしたか。例えば，自分たちの子育て支援センターだとか，お年寄りの福祉に関する学習は盛り上がるけれど，その後の国会の学習になると，トーンダウンする感じになってしまっていたのではないでしょうか。

　新しい学習指導要領では，まず憲法から入っていきます。続いて，憲法に関連付けて，我が国の民主政治の基本的な考え方，行政，司法，立法の三権のしくみを学習する。次に，国や地方公共団体の政治の働きを学習する。この学ぶ順序について，先生方，どうでしょうか。やりやすくなりますか，それともやりにくくなりますか。

栗原：今までの順序ですと，地域のことをやり，ぽっと国のことが出てきていました。今までよりはスムーズになるのではないでしょうか。

安野：考え方としては，スムーズかもしれませんね。では，問題は入り方をどうするか。今までは歴史を先に学習していたので，歴史の中で憲法はこうつくられてきたという背景がありました。だからそのまま政治の学習に入り，憲法をやっても違和感はなかった。しかし，今回は，6年の入口に憲法を学習してから政治に入ります。どういう入り方のイメージや工夫がありそうですか。

大熊：やはり既習を生かしていかなければいけないので，3年，4年，5年で行ったことを手がかりとして導入を考えていく必要性がありますね。

安野：そういう教材開発が必要になるかもしれませんね。もし思いついたところで，可能性があるとしたら，どのような内容がありますか。

大熊：公害裁判があるのではないでしょうか。例えば，公害裁判では，自動車会社や高速道路会社，国や都道府県レベルも訴えられているので，国や都道府県が訴えられてしまった意味や，公害としての意味を関連付けさせて，憲法が国民の権利を守るという概念のもとで，憲法について学ばせていきたいと考えています。

安野：具体的には憲法に示されているどのような権利が見え隠れしていますか。

大熊：基本的人権についてですね。

安野：憲法に書かれていることは，5年までの学習の中にちらりと出ているんですね。そのあたりを探し出していくということでしょうか。あるいは，既習内容だけではなくて，既習で子どもたちが活動した場所など，何か

小林孝太郎教諭

ヒントになるところはありませんか。

栗原：市役所などの役所があります。

安野：そうですね。もともと政治をやるところですから。例えば役所の中で，私たちが見過ごしていて，憲法に関係していることはありますか。

関根：「非核の町」があると思います。

安野：そうですよね。例えば，今，関根先生がいらっしゃる熊谷市では，非核都市の宣言はしていますか。

関根：しています。

安野：深谷市はいかがですか。

大熊：深谷市もしています。

安野：さいたま市はいかがですか。

小林：平和都市宣言をしています。

安野：と考えると，原爆が投下されたのは広島と長崎ですが，非核についてやっているのは身近な市町村にありそうですね。ほかにも憲法に関係するようなメッセージが出ているような言葉が，役所にはありますか。

大熊：「人権尊重の町」というのもあると思います。

安野：そう考えると，工夫次第で，よい単元構成ができるかもしれません。今までまったくやっていないから，教材開発が望まれ，教師の工夫が問われるということになりそうですね。

2　指導案を見直し，新しい授業をつくる

安野：先生方に，各学年の内容についてお話を聞きながら，話を進めてきました。ここからは，わたしのほうで，新しい学習指導要領を具体的に指導案に反映していく視点をいくつか紹介したいと思います。

学習のスクラップ＆ビルド

安野：もともと時数の枠が決まっている中に，かなり新しい内容が入ってきているという印象があります。そこで，“スクラップ＆ビルド”という考え方で，新しいものを建てる前に何かをスクラップする必要があります。壊さないとビルドができないですよね。

　　　先ほど，3年では「身近な地域や市区町村の様子」の学習の中にある「学校のまわりのようす」の時数をスクラップするとか，あるいは「地域の安全を守る働き」で軽重をかけてスクラップするという話が出ていました。そう考えると，何とかいけるかなという感じだと思います。

　　　加えて，これまでにない学習が求められているということに，先生方，お気づきだったでしょうか。それは，第3　指導計画の作成と内容の取扱いのところに書いてある

「社会に見られる課題などについて多角的に考えたことや選択・判断したことを論理的に説明したり，立場や根拠を明確にして議論したりする」

ことです。これらをわかりやすく説明すると，今をしっかりと見つめていく。今をしっかりと見つめる中で，過去がどうだったのかを見つめ，今の意味を考える。例えば，私たちは社会のしくみをつくり，いろいろな働きをしている人がいる。その人たちを理解し，今を理解する学習なんですね。社会に見られる課題を把握することは，これから先のことを考えるために必要になります。

　　　そうすると，どうでしょうか。時間数から見て，どんなことが想定されますか。

大熊：先ほどあったような，スクラップ＆ビルドがなかなかできないですね。

安野：これまでも，社会形成の参画の基礎を育むために，学んだことを活用してこれからどうしようかということを考え，よりよい社会へ向けていくつか考えられることを出し合い，自分がこうだと考える学習をやってきたと思います。でもそれは，あくまでも研究レベルだったのではないでしょうか。これからは，研究レベルではなくて，日常の授業レベルで実践していくことになります。これについてどう考えますか。

大熊：実際に実践していくためには，どこかをコンパクトにする，今までのものをスリム化するのが，大切ではないでしょうか。

安野：ある程度スリム化して，その時間をつくらない限り，このような学習は中に入れられない。このことは，学習指導要領にはあまり書いていない

んですね。現場で考えるときには，一つの単元の中，つまり小単元レベルで現在の学習のどのあたりまでやって，このあたりまでおさえれば学習がこうなるということを見通さないといけません。ですから，単元全体の中の配列のしかたをもう一度研究し直す必要があります。それも皆で知恵を出し合って考えるようにしないと，現実的に難しいような気がします。

社会に見られる課題を把握する

安野：くり返しになりますが，社会に見られる課題を把握する活動は，学習指導要領に書かれています。
　5年の食料生産の学習の内容の取扱いで，

> 「消費者や生産者の立場などから多角的に考えて，これからの農業などの発展について，自分の考えをまとめることができるように配慮すること」

とあります。同じく工業生産で，

> 「消費者や生産者の立場などから多角的に考えて，これからの工業などの発展について，自分の考えをまとめることができるように配慮すること」

つまり，今よりも先の工業について自分の考えを述べるということになります。
　次に，4年の自然災害で，

> 「地域で起こり得る災害を想定し，日頃から必要な備えをするなど，自分たちにできることなどを考えたり選択・判断したりできるように配慮すること」

という内容があります。これらは全て社会に見られる課題を考え，社会のありかた，自分たちの行動について考える活動になります。
　先生方はこのような学習はどの単元でもやってしまいがちですが，選択・判断の学習や自分の考えをもつことは指定されている場所でやるということが重要です。新しい学習指導要領で，これらの学習が入っているところと入っていないところがあるということを，ぜひチェックしたいですね。つまり，入っているところは「絶対にやる」，入っていないところは「やらなくてもよい」と考えるのが大切です。
　あと，どの程度やったらよいか。社会科は「社会に見られる課題の把握」と「それに対してのよりよい考えを出して選択・判断する」学習になりますが，2つのどちらが大事だと言えば，どちらだと思いますか。

大熊：課題把握でしょうか。

安野：そうですね，課題把握の学習は，これまでの学習から考えて，こういう

安野功教授

願いを実現するために，こうやってきているという意味がある，けれどもその意味が実現できていない現実もあり，学んだことを活用して社会を見るというのが課題把握の学習なんですね。課題把握の学習がなくて，逆にどうすればよいのだろうという学習をやっていませんでしたか。

小林：考えさせることばかりにいってしまうと，だんだん空想になってしまいます。

安野：よりよい社会ということで，理想の自動車をつくることなどに行ってしまいがちですが，これまでの学習がそのまま生きるのではなくて，社会の課題を把握したことを活用し，その上に立ってもっとよくするためにはどうすればよいのだろうということを考える必要がある場所だけ考える。その場所で，社会をよくするためのアイディアを出していき，どれが自分でよいかという選択・判断をするという学習にする。このような，メリハリがあり，軽重をつけるという学習が必要になってきそうですね。

皆で研究し，実践を高めていく

安野：先生方といろいろな話をしてきました。新しい学習指導要領には非常に合理的な面，よい面，このように学習するとよいということが入っています。反面，現実にそれを授業にもっていこうとすると，かなりの授業時数が増えるという課題があるように感じます。ですから，いろいろな立場があると思いますが，例えば県の研究会にいる人たちは県の研究会で，地域の研究会のメンバーであればその研究会で，実際に副読本の編集をしているのであれば編集の検討で，そして校内であれば校内で指導計画をどうするかを話し合っていくことが大切だと思います。学校現場，研究会などで教師が研究し，課題を克服することによって，よい実践が生まれる可能性を持っています。

一方，それぞれの教師に任せすぎると，一見難しくなったとか，初任者ではできないのではないかとなることもあります。

新しい学習指導要領の実施に向けて，仲間の先生と知恵を出し合い，いろいろな新しい実践を開発していくということに早く着手するということをお薦めします。

第3章　研究していくためのポイント

安野　功

1　研究の着眼点

新学習指導要領に基づく社会科の新しい授業づくりの実践的な研究を進める上でまず必要なことは，各学年のそれぞれの内容を従前と対比し，どの程度の改善が求められているのかを把握することである。

新学習指導要領の各学年の内容を従前のものと比べてみると，大きく3つに分類することができる。

1つ目は，新単元・新教材の開発が必要となる大幅な改訂，すなわちフル・モデルチェンジ。2つ目は，これまでの指導計画をベースにして，その一部の見直し・改善が必要となる部分的な改訂，すなわちマイナー・チェンジ。3つ目は，わずかな改善事項は見られるが指導計画を改めるほどの改善を必要としないもの，すなわちノー・チェンジである。

■フル・モデルチェンジ，マイナーチェンジ，ノーチェンジ

次に必要なことは，実践研究に着手する際の自分の立場や役割などを考慮し，新しい授業づくりにチャレンジする単元の優先順位や長期計画を立てることである。

■単元の優先順位や長期計画を立てる。

例えば，市区町村や都道府県の副読本作成に携わる可能性が高い先生にとっての最優先課題は，第3学年や第4学年のフル・モデルチェンジが必要となる内容に関わる新単元・新教材の開発である。素材を集め，教材化し，単元展開のストーリーを創り上げたり紙面化したりするのには，膨大な手間と時間が必要となるからである。

なお，副読本の作成に当たっては，授業時数をどのように工面するかが喫緊の課題であり，授業時数の縮減を図るマイナー・チェンジにも，早めに着手する必要がある。そのアイディアについては，後ほど詳しく述べる。

また，新学習指導要領の趣旨を生かす新しい授業づくりにチャレンジする先生方にお薦めしたいのはマイナー・チェンジの内容である。手持ちの教材を上手に使い，「社会的事象の見方・考え方」，「社会に見られる課題の把握」と「選択・判断」など，この度の改善のキーワードに着目した授業づくりに全力投球していくのである。

以下，各学年でフル・モデルチェンジやマイナー・チェンジが必要となる

内容について，研究の課題を具体的に述べていく。

2　第3学年の研究課題

　第3学年は，自分たちの市を中心とした地域の社会生活を学ぶ4つの内容で構成されている。「身近な地域や市区町村の様子」「地域に見られる生産や販売の仕事」「地域の安全を守る働き」「市の様子の移り変わり」の4つである。

　これらのうち，フル・モデルチェンジが必要となるのは，「市の様子の移り変わり」，マイナー・チェンジが必要となるのは，「身近な地域や市区町村の様子」と「地域の安全を守る働き」である。

> ■フル・モデルチェンジ「市の様子の移り変わり」
>
> ■マイナー・チェンジ「身近な地域や市区町村の様子」「地域の安全を守る働き」

フル・モデルチェンジ
内容（4）　「市の様子の移り変わり」　～新単元・新教材の開発～
　　　　　　　授業プラン「3年 市のようすの移り変わり」　52～55ページ参照

■改善の要点

　これについては，「古くから残る暮らしに関わる道具，それらを使っていたころの暮らしの様子を調べ，人々の生活の変化を考える」という従前の内容から，「交通や公共施設，土地利用や人口，生活の道具などの時期による違いに着目して，市や人々の生活の様子を捉え，市全体の変化の傾向を考える」という内容へと改められた。この改訂について授業レベルで対比してみると，次のような違いが考えられる。

　これまでは，昔の道具を体験したり，それらの道具を使っていた地域の人々からその当時の話を聞いたりするなど，体験重視の学習が主軸となっていた。そうした具体物や社会に生きる人間との直接的な関わりを通して，地域の人々の生活の今昔の違いや変化，過去の生活における人々の生活の知恵を考えることをねらいとしていたからである。

　つまり，これまでは地域の人々の「くらしの変化」を体験的に学んできたといえる。

　一方，これからは，交通や公共施設，土地利用や人口，生活の道具などに着目し，それらについて資料を中心に調べ，考え，表現する学習が求められている。資料を中心に，地域の人々の生活舞台である市の様子の変化を捉え，それに伴う暮らしの変化を考え，理解するという新たな学習が求められているのである。

> ■昔の道具などの体験学習から，人々の生活舞台である市の様子や暮らしの変化へ。

■研究の課題

　研究を進めるに当たり，まず必要となるのは，教師自身の基礎研究である。教師自身が交通や公共施設，土地利用や人口，生活の道具などに着目してそ

> ■教師自身が交通や公共施設，土地利用や人口，

れぞれの変化を捉え，市の様子や人々のくらしぶりが大きく変わる節目となる時期を決め出していく。

次に必要となるのは，副読本に掲載したり子どもに提示したりする写真や土地利用図，市役所，学校や図書館，公民館などの公共施設の時代ごとの分布図，人口の変化のグラフなどの資料を作成することである。また，そうした教材の作成と並行して，単元構想と指導計画を作成することなどが喫緊の課題である。

なお，こうした基礎研究や学習素材の発掘，新単元・新教材の開発については，市や県の社会科研究会や同好会などにおいて，複数の教員が組織的・協力的に取り組むと効果的である。

■生活の道具などに着目する。

■学習素材の発掘・教材作成と並行して，単元構想，指導計画を作成する。

マイナー・チェンジ
内容（1）「身近な地域や市区町村の様子」 ～時数縮減への対応～
授業プラン「3年 学校のまわりのようす」 40～51ページ参照

■改善の要点

これについて，学習指導要領の記述を対比してみると「学年の導入で扱うこと」「白地図などにまとめる際，地図帳を参照し，方位や地図記号を扱うこと」「公共施設の場所と働きの中で市役所の働きを必ず取り上げること」「『自分たちの市』に重点を置くこと」の4つの改善が加えられている。

これらのうち，今後の授業づくりを大きく左右するのは4つ目の改善である。「自分たちの市」に重点を置くとは，別の言い方をすれば，学校の周りの様子を観察・調査する学習を軽く扱い，単元全体の指導時間数を縮減することである。この改訂に対応した単元の指導計画の見直し・改善が求められている。

■「自分たちの市」に重点を置く。

■研究の課題

これまで，学校の周りについては，学校の南コースと北コースなど，様子の異なる複数のエリアを歩いて観察・調査し，絵地図や平面地図に表して場所による様子の違いを話し合うといった体験的・作業的な学習が行われてきた。これと同様の学習を展開したのでは，指導時間数を縮減することはできない。

そこで，この度の改訂では，身近な地域を見学したり聞き取り調査をしたりして情報を集める際には，目的や着目する視点を明確にして効果的に行い，市全体を調べる際にその視点を生かすといった指導の工夫を求めている。

実際の授業づくりに当たっては，まず，この内容全体に配当可能な指導時間数を割り出す。

次に，市のどのような場所を取り上げることが，市の様子を大まかに理解

■見学や聞き取り調査は，目的や着目する視点を明確にして効果的に行う。

■様子の違いを

するとともに，場所による様子の違いを考える上で効果的なのかを吟味・検討する。その際，学校の周りについても市の特色ある地域の1つに位置付ける。

その上で，学校の周りを歩いて観察・調査し絵地図や平面地図に表す活動の目的や着目する視点を絞り込む。

さらに，ここでの体験的・作業的な学びを市全体の学習のどの場面でどのように生かすのかを明らかにして指導に臨むことが必要である。

> 考える上で，効果的な場所を取り上げる。

> ■体験的・作業的な学びを生かす場面を明らかにする。

マイナー・チェンジ
内容（3）「地域の安全を守る働き」 ～時数縮減への対応～

■改善の要点

これについて，学習指導要領の記述を対比してみると「災害について，これまでの選択的な扱い（火災，風水害，地震などの中から選択）を改め，火災を取り上げること」「『緊急時に対処する体制をとっていること』と『防止に努めていること』についてはこれまで通り，火災と事故の両方で取り上げるが，どちらかに重点を置くなど効果的な指導を工夫すること」の2つの改善が加えられている。

これらのうち，今後の授業づくりを大きく左右するのは2つ目の改善である。「緊急時に対処する体制をとっていること」と「防止に努めていること」のどちらかに重点を置くとは，例えば「火災については緊急時の対処に重点を置き未然の防止を軽く扱う」「事件・事故については未然の防止に重点を置き緊急時の対処を軽く扱う」など，軽重をつけることである。その意図は，こうした工夫により単元全体の指導時間数を縮減することである。これに対応した単元の指導計画の見直し・改善が求められている。

> ■火災の学習では「緊急時の対処」，事件・事故では「未然の防止」に重点を置く。

■研究の課題

火災も事件・事故も「未然の防止」と「緊急時の対処」が必要不可欠である。

その一方で，火災については，どちらかと言えば，一刻を争う緊急時のすばやい対処が強く求められる。被害を最小限に食い止めるためである。事件や事故については未然の防止が何より大切である。起きてからでは取り返しがつかないというケースが多々見られるからである。

それらを踏まえると，火災については緊急時に対処する体制をとっていることに，事件や事故については防止に努めていることに，それぞれ重点を置いた指導を行うことが考えられる。

具体的には，例えば，火災における「緊急時の対処」については消防署の見学を通して，事件や事故の「未然防止」については地域の安全施設や関係

> ■関係機関や地域の人々の協力が重要。

第3章　研究していくためのポイント　31

機関と地域の人々の協力による事故防止や防犯のための活動を調査する活動を通して，アクティブに学習問題を追究・解決していく単元を構想し，授業を展開していくことが考えられる。

3　第4学年の研究課題

　第4学年は，自分たちの県を中心とした地域の社会生活を学ぶ5つの内容で構成されている。「都道府県の様子」「人々の健康や生活環境を支える事業」「自然災害から人々を守る活動」「県内の伝統や文化，先人の働き」「県内の特色ある地域の様子」の5つである。

　これらのうち，フル・モデルチェンジが必要となるのは，「自然災害から人々を守る活動」，マイナー・チェンジが必要となるのは，「県内の伝統や文化，先人の働き」である。

■フル・モデルチェンジ「自然災害から人々を守る活動」
■マイナー・チェンジ「県内の伝統や文化，先人の働き」

フル・モデルチェンジ
内容（3）　「自然災害から人々を守る活動」　〜新単元・新教材の開発〜
　　　授業プラン「4年　自然災害から県民のくらしを守る」　56〜69ページ参照

■改善の要点

　これについては，従前の「地域社会における災害及び事故の防止」（第3・4学年内容(4)）の取扱いに示されていた「風水害，地震など」の自然災害を独立させ，新たな内容項目を起こしたものである。

　この内容では，地震災害，津波災害，風水害，火山災害，雪害などの中から，過去に県内で発生したものを選択して取り上げ，県庁や市役所などによる防災情報の発信，避難体制の確保などの働き，自衛隊など国の機関との関わりなどを学んでいく。

■地震災害，津波災害，風水害，火山災害，雪害などから選択。

　この改善には，防災・安全への対応を一層重視するとともに，県庁や市役所など地方公共団体の働きを取り上げ，政治の働きに対する関心を高めるというねらいがある。

■研究の課題

　この内容については，改善の趣旨を踏まえた新教材を開発し，新たな単元を構想することが求められる。そのポイントは2つある。

　1つ目は，教師自身が，自分の県の自然災害に関わる基礎的な研究を行うことである。過去に県内でどのような災害が発生していたのか，そうした自然災害に備えて県や市がどのような対策を取ってきたのか，国はどのように関わってきたのかなど過去の自然災害による被害や対策，備え，さらには，行政や関係機関と地域住民との協力関係などについて調べ，地域の素材を集

■県内での過去の自然災害と国，県，市の対策の素材を集める。

めていく。

　2つ目は，集めた素材を教材化しながら単元の組立てや流れ（単元の展開のストーリー）を構想し，指導計画を作成することである。以下はその一例である。

□自分の住む県には自然災害に備える様々な施設や対策などの備えが見られる。それは，なぜか。……問いと追究……

□県内では，過去に，水害などで大きな被害を被ってきたのか。そうした自然災害への対策や備えだったのか。……問いと追究……

□そうした施設・設備の設置や緊急時の備えは，だれが，どのように行っているのだろう。……問いと追究……

□でも，今のままで自然災害に対する備えは万全だと言い切れるのだろうか。今後地域で起こり得る災害を想定し，その対処のために，自分たちがやるべきことがあるのではないか。具体的には，どんな備えか。その中で，自分はどれを選ぶのか。……社会に見られる課題の把握と解決策の選択・判断……

■集めた素材を教材化しながら，指導計画を作成する。

マイナー・チェンジ
内容（4）「県内の伝統や文化，先人の働き」〜地域の事例から県を代表する事例へ〜

■改善の要点

　これについては，従前の身近な地域の祭りなどを事例に取り上げ，保存・継承のための地域の人々の取り組みを学ぶ内容から，県を代表する文化財や年中行事を取り上げ，県内の主な文化財や年中行事の名称や位置などが大まかに分かるようにすることや，県内の文化財や年中行事は地域の人々が受け継いできたことやそれらには地域の発展など人々の様々な願いが込められていることを理解できるようにする内容へと改められた。

■身近な地域の行事を学ぶ内容から，県を代表する文化財や行事を取り上げる内容へ。

■研究の課題

　ここでは，身近な地域の事例学習から県を代表する文化財や年中行事の学習へと改められたわけだが，これを授業レベルで考えると次の実践課題を解決していかなければならない。

　これまで行ってきた身近な地域の民俗芸能や祭りなどの保存・継承に取り組む人々と直接触れ合って学ぶなどの体験重視の学習から，博物館や資料館の見学，写真や映像などの資料活用を通して学べる学習へと，授業の軸足を大きく変えていかなければならない。

　その際，4年生の子どもが目を輝かせて本気で学ぶことができるようにするにはどうすればよいのか。つまり，主体的な問題解決へ子どもを導く単元構想や体験重視の学習に代わる新たな学習活動を工夫していく必要がある。

■体験重視から，資料活用を通して学べる学習への転換。

第3章　研究していくためのポイント　33

4　第5学年の研究課題

　第5学年は，我が国の国土や産業と国民生活との関わりを学ぶ5つの内容で構成されている。「我が国の国土の様子と国民生活」「我が国の農業や水産業における食料生産」「我が国の工業生産」「我が国の産業と情報との関わり」「我が国の国土の自然環境と国民生活の関わり」の5つである。

　これらのうち，フル・モデルチェンジが必要となるのは，「我が国の産業と情報との関わり」，マイナー・チェンジが必要となるのは，「我が国の農業や水産業における食料生産」と「我が国の工業生産」である。

■フル・モデルチェンジ「我が国の産業と情報との関わり」

■マイナー・チェンジ「我が国の農業や水産業における食料生産」と「我が国の工業生産」

フル・モデルチェンジ
内容（4）「我が国の産業と情報との関わり」　～新単元・新教材の開発～
授業プラン「5年 産業を変える情報」　116～117ページ参照

■改善の要点

　これについては，従前の「情報化した社会の様子と国民生活との関わり」に関する内容が「情報を生かして発展する産業」へと改められた。言葉を変えると，情報ネットワークの公共利用から産業における情報活用へと学習の対象や内容を大きく変えていくことが必要である。

■「情報化した社会の様子と国民生活との関わり」が，「情報を生かして発展する産業」へ。

■研究の課題

　この内容については，改善の趣旨を踏まえた新教材を開発し，新たな単元を構想することが求められる。そのポイントは2つある。

　1つ目は，教師自身が，産業における情報活用の実態や現状，今後の可能性などに関わる基礎的な研究を行うことである。情報を生かして発展する産業とは，具体的にはどのような産業なのか。その産業が，どのような情報をどのように集めているのか。集めた情報をどのように分析して，どのように活用しているのか。情報活用によって，産業がどのように発展したのか。そうした問いを立て，産業が情報を集める際の対象や集め方，情報活用の目的や方法，情報活用の場面や工夫，効果などについて教師が自ら調べ，学習の素材を集めるのである。

■産業における情報活用の実態や今後の可能性などに関わる基礎的な研究を行う。

　なお，取り上げる事例としては，販売，運輸，観光，医療，福祉などに関わる産業が想定されている。

　2つ目は，取り上げた事例について，集めた素材を教材化し，単元の展開を構想し指導計画を作成することである。

■集めた素材を教材化し，指導計画を作成する。

　なお，情報を生かして発展する産業は，グローバル化した情報社会の変化に対応し日々進化を遂げている。それを踏まえ，教師はアンテナを常に張り巡らせて，どのような事例を選択することが適切なのかを見極めることが必

要である。

マイナー・チェンジ

内容（2）　「我が国の農業や水産業における食料生産」　～これからの食料生産（選択・判断）～
授業プラン「5年 国民の食生活を支える食料生産」　70～101ページ参照

■改善の要点

　これについては，以下の3つの改善が加えられている。

①従前の「様々な食料生産が国民生活を支えていること」と「我が国の主な食料生産物の分布や土地利用の特色など」の2つに分けて示されていた内容が「食料生産の概要」として1つにまとめられたこと。

②食料生産に関わる人々の工夫や努力として生産性や品質を高めることや輸送方法や販売方法を工夫していることが理解事項に明示されたこと。

③消費者や生産者の立場などから多角的に考え，これからの農業などの発展について自分の考えをまとめることができるよう配慮すること。

■研究の課題

　これらのうち，今後の授業を大きく左右するのは3つ目の改善である。この度の改訂の目玉の1つである，社会に見られる課題を把握して，その解決に向けて社会への関わり方を選択・判断する力を養うことがこの改善のねらいだからである。

　そのことを踏まえ，ここでは，まず，消費者の立場から安全性の確保や環境への負荷の軽減，高品質や希少性を求めるなどの消費傾向を調べ，そうしたニーズに応えていくことが，今後さらに求められていることを捉える。

　その上で，それらの消費傾向を踏まえつつ農業や水産業がいま抱えている課題を乗り越えようと努力している生産者側の新しい取り組みを調べ，今後の農業や水産業の発展について考えていく。

　そうした学習へと導く教材や学習活動などを工夫することが新たに求められている。

■3つの改善点

■消費者や生産者の立場などから多角的に考える。
■これからの農業などの発展について自分の考えをまとめる。
⇒選択・判断する力を養う。

マイナー・チェンジ

内容（3）　「我が国の工業生産」　～これからの工業生産（選択・判断）～
授業プラン「5年 これからの工業生産」　102～115ページ参照

■改善の要点

　これについては，以下の5つの改善が加えられている。

①従前の「様々な工業製品が国民生活を支えていること」と「我が国の各種の工業生産や工業地域の分布など」の2つに分けて示されていた内容

■5つの改善点

第3章　研究していくためのポイント　35

が「工業生産の概要」として1つにまとめられたこと。

②「工業生産の概要」を捉える着目点として,「工業製品の改良」(時間軸)が盛り込まれたこと。

③工業生産に関わる人々の工夫や努力として,「製造の工程」「工場相互の協力関係」「優れた技術」が理解事項に明示されたこと。

④「貿易や運輸」が独立して示され,それらが工業生産を支える役割を考えるように改められたこと。

⑤消費者や生産者の立場などから多角的に考え,これからの工業などの発展について自分の考えをまとめることができるよう配慮すること。

■研究の課題

これらのうち,今後の授業を大きく左右するのは5つ目の改善である。この度の改訂の目玉の1つである,社会に見られる課題を把握して,その解決に向けて社会への関わり方を選択・判断する力を養うことがこの改善のねらいだからである。

そのことを踏まえ,ここでは,工業生産が抱えている課題を乗り越えようと努力している生産者側の取り組み,例えば,新しい技術を生かした製品の研究開発とその輸出,高齢社会への対応や環境への負荷を軽減する製品の開発などを取り上げ,今後の工業の発展について考えていく。

そうした学習へと導く教材や学習活動などを工夫することが新たに求められている。

> ■消費者や生産者の立場などから多角的に考える。
> ■これからの工業などの発展について自分の考えをまとめる。
> ⇒選択・判断する力を養う。

5 第6学年の研究課題

第6学年は,我が国の政治の働きや歴史上の主な事象,グローバル化する世界と日本の役割を学ぶ3つの内容で構成されている。「我が国の政治の働き」「我が国の歴史上の主な事象」「グローバル化する世界と日本の役割」の3つである。

これらのうち,マイナー・チェンジが必要となるのは,「我が国の政治の働き」と「グローバル化する世界と日本の役割」である。

> ■マイナー・チェンジ「我が国の政治の働き」と「グローバル化する世界と日本の役割」

> ### マイナー・チェンジ
> 内容(1)「我が国の政治の働き」 ～単元の導入の工夫～
> 　　　　　　授業プラン「6年 憲法と政治のしくみ」 118～127ページ参照

■改善の要点

これについては,内容の示し方の順序に2つの改善が加えられている。

その1つが第6学年全体における「我が国の政治の働き」の示し方の順序

> ■「我が国の政治の働き」の示し方の順序の変更。

36

である。従前は(2)として「我が国の歴史上の主な事象」の次に示されていたものが，筆頭の(1)へと改められている。

いま1つが我が国の政治の働きの内容項目の順序である。従前のア（地方公共団体や国の政治に関する内容），イ（日本国憲法と国民生活）から，(ア)「日本国憲法や立法，行政，司法の三権と国民生活」に関する内容，(イ)「国や地方公共団体の政治の取組」へと改められている。

■「我が国の政治の働き」の内容項目の順序の変更。

■研究の課題

これまでは，日本の歴史を学び，そこでの既習を踏まえて政治学習を行ってきた。

しかし，これからは，第5学年までの社会科の学習経験や社会生活における興味・関心などを生かした単元の導入を工夫していくことが課題となる。

■5年の社会科の学習経験や社会生活での興味・関心を生かした単元の導入。

例えば，新学習指導要領では，市役所や県庁の働きがクローズアップされている。それらの学習で登場した施設の写真を単元の導入で活用する方法が考えられる。その中に写っている人権問題の解決や平和都市宣言など，日本国憲法と関連の深いキーワードに着目させ，子どもの興味・関心や問題意識を高めていくのである。

マイナー・チェンジ
内容（3）「グローバル化する世界と日本の役割」　〜国際交流の扱い方の改善〜
授業プラン「6年 日本とつながりの深い国々」　128〜133ページ参照

■改善の要点

ここでは，「国際交流」を，従前のイ（我が国の国際交流や国際協力，国際連合に関する内容）からア（日本とつながりの深い国の人々の生活に関する内容）に移行し，国際交流の果たす役割を考えるように改善が加えられている。

■「国際交流」の内容を，日本とつながりの深い国の人々に関する内容に移行。

■研究の課題

この改訂では，これまでの「日本とつながりの深い国々の人々の生活」に関わる学習と関連付けて「国際交流」を扱うことを求めている。

これを受け，まず，外国の人々の生活の様子などに着目し，日本の文化や習慣との違いを調べ，日本とつながりの深い国の人々の生活が多様であることを理解する。

■外国と日本の文化や習慣の違いを調べる。

その上で，互いの国の文化や習慣をより深く理解し合うにはどうすればよいかという問いを引き出し，国際交流の果たす役割を考える。その中で，スポーツや文化などを通して他国と交流し，異なる文化や習慣を尊重し合うことが大切であることを具体的に理解できるようにする。そうしたストーリーの単元を新たに構成していくことが求められている。

■互いの国の文化や習慣をより深く理解し合い，国際交流の果たす役割を考える。

第3章　研究していくためのポイント　**37**

第4章 授業づくりのアイディアとプラン

第4章では，2020年より実施される学習指導要領に基づき，新しい内容となる単元，学習指導要領改訂のポイントとなる単元をピックアップし，新しい授業づくりのアイディアとプランを掲載します。

◆本書で扱っている授業プラン

学年	単元名と新しいアイディア	該当する学習指導要領の内容
3年	**マイナー・チェンジ** 学校のまわりのようす～時数縮減への対応～	内容（1）「身近な地域や市区町村の様子」
	フル・モデルチェンジ （授業のアイディアのみを掲載） 市のようすの移り変わり～新単元・新教材の開発～	内容（4）「市の様子の移り変わり」
4年	**フル・モデルチェンジ** 自然災害から県民のくらしを守る～新単元・新教材の開発～	内容（3）「自然災害から人々を守る活動」
5年	**マイナー・チェンジ** 国民の食生活を支える食料生産 ～これからの食料生産（選択・判断）～	内容（2）「我が国の農業や水産業における食料生産」
	マイナー・チェンジ これからの工業生産 ～これからの工業生産（選択・判断）～	内容（3）「我が国の工業生産」
	フル・モデルチェンジ （授業のアイディアのみを掲載） 産業を変える情報～新単元・新教材の開発～	内容（4）「我が国の産業と情報との関わり」
6年	**マイナー・チェンジ** 憲法と政治のしくみ～単元の導入の工夫～	内容（1）「我が国の政治の働き」
	マイナー・チェンジ 日本とつながりの深い国々 ～国際交流の扱い方の改善～	内容（3）「グローバル化する世界と日本の役割」

※本書は，埼玉県の小学校教員が執筆しているため，埼玉県を中心にした事例を掲載しています。

38

◆本書の授業プランの特長

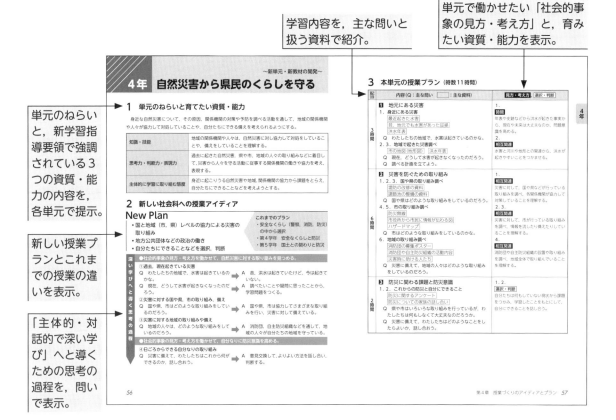

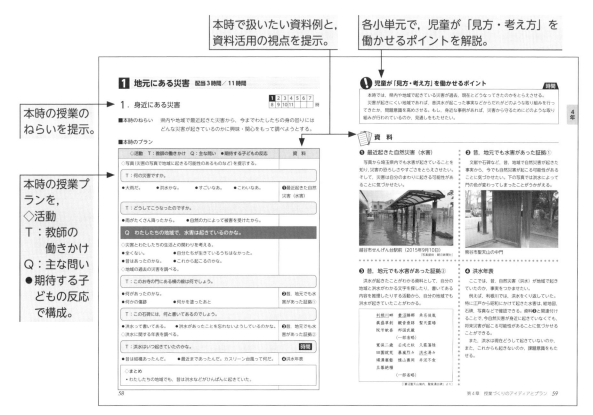

~時数縮減への対応~

3年 学校のまわりのようす

1 単元のねらいと育てたい資質・能力

身近な地域や市のようすを観察・調査したり地図などの資料で調べたりして白地図にまとめる活動を通して，身近な地域や市のようすを大まかに理解することができるようにする。

知識・技能	身近な地域や市のようすを観察・調査したり地図などの資料で調べたりして白地図にまとめ，身近な地域や市のようすを大まかに理解する。
思考力・判断力・表現力	白地図にまとめたことから，身近な地域や市のようすについて考えたことを適切に表現する。
主体的に学習に取り組む態度	身近な地域や市のようすについて，調べたことをもとにその特徴を考えようとする。

2 新しい社会科への授業アイディア

New Plan

- 「市のようす」の学習の導入として，身近な地域のことを理解
- 1回のまち探検による面的な理解
- ICT等を活用した多様な空間的把握

これまでのプラン
- 学校のまわりのようすとしての独立単元
- 複数回のまち探検による網羅的な理解
- 絵地図や地図記号を使った複数回の地図作成

深い学びへと導く思考の過程

●社会的事象の見方・考え方を働かせて，学校のまわりのようすを見つめる。

①わたしたちの住むまち
Q わたしたちは今，どこに住んでいるのでしょうか。
→ A ○○市や□□区，△△などの名前がついているんだね。

②市のようすの概観
Q 学校のまわりは，どのようなようすでしょうか。
→ A 何がたくさんあるまちなのか，実際に歩いて調べたいな。

③学校のまわりのようす
Q 学校のまわりは，どのようなようすだったと言えるでしょうか。
→ A 西のほうに家がたくさんあり，北のほうに田が広がっていたね。

④地図記号を使った地図
Q 地図帳では，どのような地図記号が使われているでしょうか。
→ A 地図記号はいろいろあるね。地図記号を使うとわかりやすくて便利だね。

⑤学校の位置とまわりのようす
Q 探検に行かなかった学校のまわりのようすは，どのようになっているでしょうか。
→ A 私たちの学校は□□区にあって，市の中では北のほうにある。川に沿って田があり，川と大きな道路の間には家がたくさんある。

3 本単元の授業プラン（時数16時間）

本書では，下の□□□の事例を掲載しています。

配当	内容（Q：主な問い　□□□：主な資料）	見方・考え方
6時間	**❶　学校のまわりのようす** １．わたしたちの住むまち 　[生活科で探検した場所の絵地図] 　[自分の家に届いた葉書]　[市，区，学区の地図] 　Q　わたしたちは今，どこに住んでいるのでしょうか。 ２．市のようすの概観 　[市のようすがわかる写真] 　Q　学校のまわりは，どのようなようすでしょうか。 ３．４．学校のまわりの探検 　[学校のまわりの白地図] 　Q　学校のまわりは，どのようなようすだったと言えるでしょうか。 ５．地図記号を使った地図 　[先生がかいた地図]　[地図帳] 　Q　地図帳では，どのような地図記号が使われているでしょうか。 ６．学校の位置とまわりのようす 　[航空写真]　[自分でかいた地図]　[先生がかいた地図] 　Q　探検に行かなかった学校のまわりのようすは，どのようになっているでしょうか。	1. 生活科での学習や生活経験，住所などを手がかりにし，私たちが住んでいるまちがどのようなところにあるかをつかむ。 2. [空間] 市のようすがわかる写真を比較し，さまざまな場所があることをつかむ。 3.4. [空間] 学校のまわりを探検し，どのようなようすだったかを白地図に表す。 5. 先生のかいた地図と自分たちのかいた地図を比較し，地図記号について調べる。 6. [空間] 航空写真や地図記号から，探検に行かなかった場所について調べ，まとめる。
4時間	**❷　市のようす** １．２．施設やお店が集まっている場所 　Q　駅のまわりは，どのようなようすでしょうか。 ３．４．工場が集まっている場所 　Q　工場が集まっている場所は，どのようなようすでしょうか。	1.～4. [空間] 地図や写真などを使って特徴のある場所のようすを調べ，白地図にまとめる。
6時間	**❸　場所によるちがい** １．～４．土地のようすや使われ方 　Q　市にはどのようなようすのところがあり，どのように土地が使われているでしょうか。 ５．６．市のようすのまとめ 　Q　市のようすを地図にまとめてみましょう。	1.～4. [相互関連] これまで調べた場所のようすと，土地のようすや土地の使われ方とを関連付けて調べ，まとめる。 5.6. [空間] 市のようすを白地図にまとめる。

1 学校のまわりのようす　配当6時間／16時間

1. わたしたちの住むまち

1	2	3	4	5	6	7	8	9	10
11	12	13	14	15	16				時

■**本時のねらい**　生活科での学習や生活経験，住所などを手がかりにし，私たちが住んでいるまちがどのようなところにあるかについて関心をもつ。

■**本時のプラン**

◇活動　T：教師の働きかけ　Q：主な問い　●期待する子どもの反応	資　料
◇生活科で探検した場所の絵地図を見ながら，学校のまわりのようすや自分たちの家の場所について話し合う。	❶生活科で探検した場所の絵地図
●ここは，今わたしたちがいる学校だね。	
●あっちの〇〇公園には，木がたくさんあって，遊具で遊べたよ。	
●お店にはたくさんの人がいて，買い物をしていたよ。	
●図書館には，たくさんの本が置いてあって，本を貸してくれるよ。	
●わたしの家は，この辺りにあるよ。	
◇自分が持ってきた葉書（年賀状等）の住所を友だちと見比べて，自分たちが住んでいる場所について話し合う。	❷自分の家に届いた葉書
Q　わたしたちは今，どこに住んでいると言えるでしょうか。	
●「さいたま市」というところは同じだね。	
●「見沼区」というところも同じだよ。	
●「春野」まで同じかな，いや「深作」という人もいる。	
◇さいたま市，見沼区，学区の範囲を地図で確認する。	
T：さいたま市や見沼区，春野といったところは，どこの場所をいうのかな。	
●さいたま市の中に見沼区があって，その中に春野や深作があるね。	❸市，区，学区の地図
●さいたま市や見沼区は，〇〇の形に見えるね。	
◇まとめ ・さいたま市の中に見沼区があり，その中の春野や深作という地域にわたしは住んでいる。	

42

児童が「見方・考え方」を働かせるポイント

　生活科で校外の探検をしているが、自分や学校を中心として出かけていった場所である。社会科では、その場所や自分が住んでいるところはどこにあるのか、空間的な広がりや他地域との関係で理解させたい。
　今回は、葉書に書かれている住所を手がかりに市や区などの地名を知り、地図によってそれぞれの範囲を提示することで、広がりに気がつくようにしている。また、都道府県名も葉書に書かれていることがあるため、本時に都道府県内における市の位置を確認することができる。

 ## 資 料

❶ 生活科で探検した場所の絵地図

　ここでは、児童の既習事項を生かすため、生活科で探検した場所の絵地図を用いて学校のまわりのようすについて関心をもたせていく。社会科では、地域のようすを面的にとらえていくことになるので、個々の場所のようすについて深入りする必要はないが、位置関係を確認しておくと方位の学習につながる。

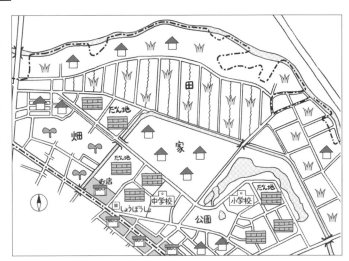

❷ 自分の家に届いた葉書

　住所を比べることによって、市や区などに着目させ、自分たちの住んでいる場所を考えるようにする。

❸ 市，区，学区の地図

　ここでは、さいたま市を例にとっているため、区まで着目している。市町村に着目できるようにすれば、今後の学習に見通しをもって取り組むことができる。

第4章　授業づくりのアイディアとプラン　43

2．市のようすの概観

1	**2**	3	4	5	6	7	8	9	10	
11	12	13	14	15	16					時

■**本時のねらい**　　市のようすについて話し合い，私たちの住むまちや市のようすについての学習問題を立て，調べる計画を立てる。

■**本時のプラン**

◇活動　T：教師の働きかけ　Q：主な問い　●期待する子どもの反応	資　料
◇さいたま市内のようすがわかる写真を何枚か提示し，さいたま市にはさまざまなようすのところがあることを知り，学習問題を立てる。	❶市のようすがわかる写真
T：見沼区以外の区は，どのようなようすのところがあるでしょう。	空間
●浦和区には，いろいろな施設があるみたい。 ●大宮区には，大きなお店がたくさんあるよ。 ●岩槻区には，人形をつくる工場がたくさんあるみたいだね。 ●北区には，工場が集まっているところがあるよ。 ●僕たちがいる見沼区とは，ようすのちがうところがたくさんあるみたい。	
学習問題　さいたま市には，どの位置にどのようなようすのところがあるだろう。	
◇くわしく調べていくためには，どうすればよいか話し合う。	
T：市のようすについて，どのように調べればよいでしょう。	
●1枚の写真だけでは，ほんとうにそうなのかわからないよ。 ●実際に行ってみればわかると思うな。 ●学校のまわりはわかるけれど，ほかのところはどうしよう。 ●だれか，絵地図のようなものをつくっていないかな？	
◇これまでの生活経験をもとに学習問題に対する予想を立てる。	
Q　学校のまわりは，どのようなようすでしょうか。	
●僕の家のまわりは，家が多いので家がいちばん多いと思うよ。 ●川沿いの田は，ずっと遠くまで広がっていたと思うな。	
◇まとめ ・さいたま市のようすを調べるために，まず学校のまわりを探検し，地図に表す。	

44

児童が「見方・考え方」を働かせるポイント　　空間　3年

　本時は，市内の特徴的な場所の写真を提示して，市のようすを概観する。そして，さまざまなようすのところがありそうだという予想をもって，学習問題を立てる。
　まずは，実際に見ることのできる学校のまわりのようすについて，これまで注目してこなかった場所のようすを予想し，次時のまち探検へつなげる。

資　料

❶ 市のようすがわかる写真

　市のようすについて関心がもてるよう，市の特徴的な場所の写真を提示する。このとき，前時の市の地図と合わせて提示し，大まかな場所を確認していくことも考えられる。提示する場所については，土地の高低，平地と山地，川辺や海辺など特色ある地形がわかる場所，田畑，住宅や商店，工場，公共施設がある場所など土地利用のようすがわかる場所，さらに，地形や交通などのようすと結び付けて考えられるような場所や古くから残る建造物がある場所があるとよい。

昔から伝わる工場のある岩槻

商業施設の集まる大宮

公共施設の集まる浦和

川に沿って広がる田

3.4. 学校のまわりの探検

1	2	3	4	5	6	7	8	9	10
11	12	13	14	15	16				時

■**本時のねらい**　学校のまわりのようすを調べるためにまち探検に出かけ，白地図にまとめる。

■**本時のプラン**

◇活動　T：教師の働きかけ　Q：主な問い　●期待する子どもの反応	資　料
◇学校のまわりのようすを調べるために，探検に出かける。 　T：学校のまわりは，どのようなようすでしょう。 ●このあたりは，家がずっと並んでいるね。 ●お店や，みんなが使う図書館もあるね。 ●このあたりは，田が広がっているね。 ●川が流れているよ，どこから流れてくるのかな。 ●これは，古い建物だな。昔からあるのかな。 ◇探検した場所について方位を使って確認し，白地図に着色作業をして，どのようなようすだったか表現する。 ●このあたりは家がならんでいたから，オレンジでぬろう。 ●このあたりは田が広がっていたから，緑でぬろう。 ●古い建物は，わかるようにしておこう。 ◇探検したところについて，着色した白地図を見ながら話し合う。	❶学校のまわりの白地図
Q　学校のまわりは，どのようなようすだったと言えるでしょうか。　　空間	
●西のほうに家がたくさんあった。 ●家の近くには，お店や図書館があった。 ●北のほうに田が広がっていた。 ●川に沿って田が広がっていたと思う。 ◇まとめ ・西のほうには家がたくさんあった。 ・北のほうには川が流れていて，田が広がっていた。	

児童が「見方・考え方」を働かせるポイント　　　　　空間　3年

　本時は，実際にまち探検に出かけて調べる。その際，どちらの方角に向かって歩いているのかを確認し，感覚を身につけられるようにする。白地図を持っていき，田や家の多い場所について色を塗っていくと，実際の景色と地図とのつながりがわかる。

　なお，土地の利用について着眼点を絞っているが，探検ルートに公共施設や古くから残る建造物がある場合には，触れておくことで市の学習の着眼点につなげることができる。

 資　料

❶ 学校のまわりの白地図

5．地図記号を使った地図

1	2	3	4	**5**	6	7	8	9	10
11	12	13	14	15	16				時

■**本時のねらい**　　学校のまわりのようすについて，教師が作成した地図を見て，地図記号や方位を使うことのよさを理解する。

■**本時のプラン**

◇活動　T：教師の働きかけ　Q：主な問い　●期待する子どもの反応	資　料
◇教師が作成した地図を見ていくつかの地図記号を知り，地図記号のよさについて話し合う。	❶先生がかいた地図
T：先生がつくってきた地図と，みなさんがつくった地図を比べてみましょう。	
●先生のつくった地図には，記号がかかれているよ。 ●あそこは確か図書館だったから，本の記号がかかれているのかな。 ●あの記号は，何を表しているのだろう。 ●記号を使うと，地図が簡単にかけそうだね。 ●同じ記号でかかれていると，だれが見てもわかりやすいね。 ◇地図帳を見て，地図記号を調べる。	 ❷地図帳
Q　地図帳では，どのような地図記号が使われているでしょうか。	
●警察署の地図記号は，○の中に×があるよ。 ●工場の地図記号は，太陽みたい。 ●田は，棒が２本だよ。何を表しているのかな。 ●地図記号を知っていると，地図を見るときに便利だね。 ◇自分たちがつくった地図に地図記号をかき加えて，まとめる。 ●地図記号を使うと，誰もが一目でわかるようになるね。 ●方位記号もかいておこう。	
◇まとめ ・地図を見るときに，地図記号があるとわかりやすい。 ・地図には方位記号をかいておくと，方向がわかる。	

48

児童が「見方・考え方」を働かせるポイント

　本時は，教師が地図記号を使った地図を提示し，児童がつくった地図と比較することで，地図記号に関心をもたせていく。3年生から地図帳を使うことができるようになるため，地図帳を使って地図記号を調べたり，方位を教えたりすることができる。

　そして，市内でも実際に歩いて探検できないところのようすについては，地図や写真の資料を使えば調べられそうだということに気づかせ，市のようすの学習につなげる。

 資　料

❶ 先生がかいた地図

　自分たちが着色した地図と比べて，それぞれの記号の意味を考えさせる。また，ルートになかった場所についても地図記号を示すと，記号を調べるきっかけとなる。

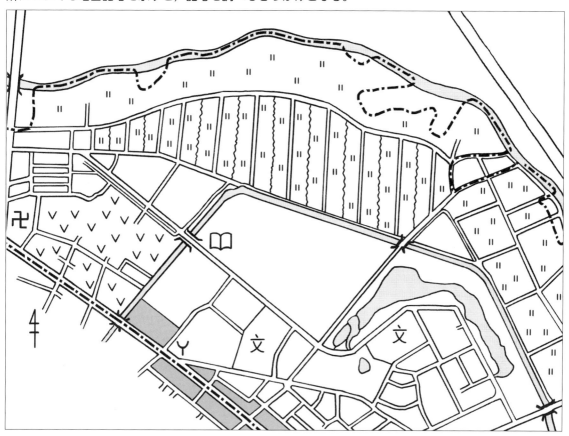

❷ 地図帳

　地図帳には，航空写真で斜め上から撮影したものと真上から撮影したものとが比較できるページや，絵地図や地図記号が使われている地図など，地図を初めて学習する際に使うとよいページがあることが多い。そのため，地図記号を調べると同時に，地図の成り立ちや約束について学んでおくとよい。

　また，1回学習すればよいというものではなく，くり返して使う機会をつくることも大切である。

6. 学校の位置とまわりのようす

■**本時のねらい**　学校のまわりのようすについて，これまでに使った地図や航空写真などを見比べて，どのようなようすだったかをまとめる。

■**本時のプラン**

◇活動　T：教師の働きかけ　Q：主な問い　●期待する子どもの反応	資　料
◇学校のまわりの航空写真を見て，探検していない場所を確認する。	❶学校のまわりの航空写真
T：航空写真から，学校のまわりのようすを見てみましょう。	
●航空写真を見ると，田のようすは特によくわかるね。 ●色を塗ったところと比べると，地図と同じことがわかるね。 ●ここの建物の集まりは，何だろう？ ●どのような施設があるかまでは，わからないね。	❷自分でかいた地図
Q　探検に行かなかった学校のまわりのようすは，どのようになっているでしょうか。	
●ここは，工場がたくさん集まっているんだね。 ●ここには，消防署があるみたいだよ。 ●地図記号で表されている地図は，主な施設がわかっていいね。	❸先生がかいた地図
◇学校のまわりのようすについて，まとめる。	
T：探検でわかったことと，地図からわかったことをまとめましょう。	空間
●西のほうには家がたくさんあった。 ●北のほうには川が流れていて，田が広がっていた。 ●東のほうには工場がたくさん集まっているところがあった。	
◇まとめ ・私たちの学校は見沼区にあって，市の中では北のほうにある。 ・川に沿って田があり，川と大きな道路の間には家がたくさんある。	

児童が「見方・考え方」を働かせるポイント　　　空間　3年

　本時は，学校のまわりのようすについてまとめていく。絵地図，着色した白地図，地図記号を使った地図，航空写真を並べ，地図の特性を生かして空間的な理解ができるようにしたい。
　航空写真では，田や住宅のようすは比較的わかるものの，建物1つ1つまでのようすはつかめない。そこで，地図記号を使った地図を先生が提示することで，地図記号を使うことのよさに気づかせる。そして，実際に探検してわかったこと，地図からわかったことを分けてまとめる。

 資　料

❶ 学校のまわりの航空写真

　航空写真と地図を比べることで，地図は，真上から見たようすだということがわかりやすい。一方で細かいところまではわかりにくく情報も多いため，ようすを把握するには必ずしも適さない。

出典：国土地理院ウェブサイト（http://mapps.gsi.go.jp/maplibSearch.do?specificationId=1531284）

❷ 自分でかいた地図

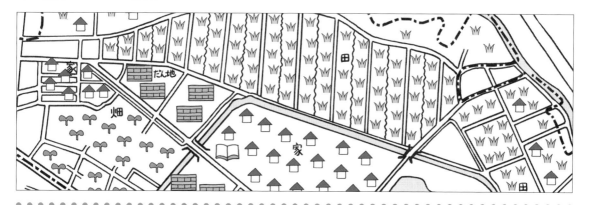

❸ 先生がかいた地図

　まち探検で歩かなかったところまで範囲を広げて提示し，地図を使うことでまちのようすがわかることに気づかせる。そうすることで，市の学習も地図を使うとよいことがわかり，学習の見通しが立つ。

（小林孝太郎　さいたま市立春野小学校）

〜新単元・新教材の開発〜

3年　市のようすの移り変わり

1　新しい社会科への授業アイディア

New Plan

- 「歴史と人々の生活」を関連させて，市のようすの移り変わりをとらえる。
- 市がどのように発展してほしいか，市民としてどのように行動していけばいいのか，市の発展について話し合う。

これまでのプラン
- 古くから残るくらしに関わる道具，それらを使っていたころのくらしのようす

 児童が「見方・考え方」を働かせるポイント

　本単元では，交通や公共施設が整備されたり，人口が増えたり，土地の利用のようすが変わってきたりしていることを調べる活動を通して，市や人々の生活のようすをとらえ，それらの変化を考えられるようにする。そのために，博物館や市役所，地域の方などのインタビューをしたり，年表にまとめたりして，市のようすの移り変わりや人々の生活の変化をとらえさせたい。

2　素材から教材化への参考例（埼玉県熊谷市の事例）

昔のまちなみと今のまちなみの変化

　昔と今の写真から市のようすの移り変わりができやすくなるような写真資料を準備したい。できれば，同じ位置の写真がいいが，当時のようすがわかるものであればよい。昔の写真の入手先としては，図書館の本や写真館などにこれらの写真が保管されている場合がある。

昭和20年代

現在

［写真提供：熊谷市立江南文化財センター］

道路・鉄道の発展のようす

自分たちの市では，鉄道や道路，市役所などの公共施設がどのように発展してきたか，博物館・資料館などや，地域の人々に聞き取り調査をする活動が考えられる。

熊谷市の道路・交通の発展の年表

年	できごと
江戸時代初め	中山道が整備される。
1883（明治16）	高崎線が開業する。
1901（明治34）	上武鉄道熊谷駅が開業する。
1965（昭和40）	一般国道17号として指定される。
1982（昭和57）	上越新幹線熊谷駅が開業する。

土地利用の変化

市のようすがわかる資料としては，明治期に測量された迅速測図があげられる。また，昔と現在を比較するために，今の地図をトレーシングペーパーで写し取り，市街地と畑のみの地図を作成するのも効果的である。迅速測図は県立の図書館などに保管されている場合がある。

明治16年の熊谷市付近

この地図は（一財）日本地図センター発行の「明治前期測量2万分1フランス式彩色地図 613-3-31-1（埼玉県行田市・熊谷市・北足立郡吹上町・大里郡大里村地区）」を使用したものである。

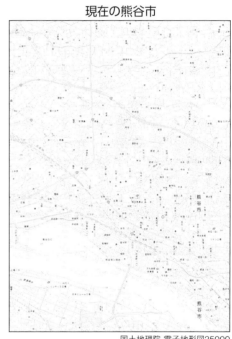

現在の熊谷市

国土地理院 電子地形図25000

人口の変化

市のホームページや統計書で，人口の推移を調べることができる。市町村合併による人口の変動など，市の発展に合わせて人口変化を調べてもよい。

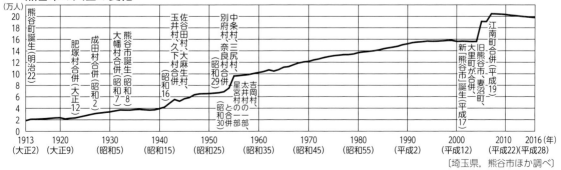

熊谷市の人口の変化

〔埼玉県，熊谷市ほか調べ〕

第4章　授業づくりのアイディアとプラン　53

■ 参考授業プラン　埼玉県熊谷市の事例

1　単元のねらいと育てたい資質・能力

　交通や公共施設が整備されたり，人口が増えたり，土地の利用のようすが変わってきたりしていることを調べる活動を通して，市や人々の生活のようすをとらえ，それらの変化を考えられるようにする。

知識・技能	市や人々の生活のようすは，時間の経過に伴い移り変わってきたことを理解する。
思考力・判断力・表現力	交通や公共施設，土地利用や人口，生活の道具などの時期によるちがいに着目して，市や人々の生活のようすをとらえ，それらの変化を考え表現する。
主体的に学習に取り組む態度	交通や公共施設が整備されたり，人口の変化が増えたりしたことに伴って，人々の生活のようすの移り変わりを通して，地域の一員としての自覚を養う。

2　深い学びへと導く思考の過程

深い学びへと導く思考の過程

●社会的事象の見方・考え方を働かせて，市のようすの移り変わりを見つめる。

①過去，現在の市のようすの比較
Q　どうして，こんなに市のようすが変わったのかな。何が変えたのかな。　➡　A　何がきっかけでまちのようすが変わったかを調べる。

②市のようすを変えたもの
Q　鉄道なのかな。
Q　土地の使われ方が変わったのかな。　➡　A　鉄道が3本引かれて，土地のようすや人口の変化が関連して市のようすの変化を生み出した。

Q　人口が増えたからなのかな。
Q　人々のくらしのようすが変わったからかな。　➡　A　人々の生活が道具によって便利になった。

③市のようすの移り変わりとくらしの変化
Q　市のようすや人々のくらしは，どのように変わってきたのかな。　➡　A　市のようすや人々のくらしを年表にまとめ，ようすが大きく変わる節目やその前後の変化を話し合う。

●社会的事象の見方・考え方を働かせて，自分なりにこれからの市の発展について考える。

④少子化や国際化について触れる。
Q　私たちなりにできる取り組みはどんなことがあるだろうか。　➡　A　意見交換して，よりよい方法を話し合い判断する。

3 本単元の授業プラン（時数16時間）

配当	内容（Q：主な問い　□：主な資料）	見方・考え方
3時間	**1　昔と今のまちなみくらべ** 1．地元にある2枚の写真 　　昔の写真と今の写真 　　Q　2枚の写真で，ちがっているところはどこかな。 2．昔と今のようすで，変わったことを調べよう 　　地元にある2枚の写真　　まちのようすの変化 　　店・まちなみ・土地利用　　道路・鉄道　　人口 　　市の地形図　　昔の人の生活 　　Q　私たちの町は，昔と今で何が変わったのかな？ 3．調べる計画を立てよう 　　Q　昔と今の市のようすをくらべて，変わったことを 　　　調べる計画を立てよう。	1． 時間　空間 昔と今のまちなみで変わったものは何か，写真や資料などで調べる。
10時間	**2　町の変化の要因** 1．2．道路・鉄道を調べよう 　　高崎線開業（明治16年） 　　上武鉄道熊谷駅開業（明治34年） 　　上越新幹線熊谷駅開業（昭和57年） 　　中山道　　国道17号 　　Q　鉄道・道路はどのようにできたのかな。 3．4．土地のようすを調べよう 　　江戸時代　町は中山道中心 　　明治時代　駅中心にまちなみが広がる・桑畑も増える 　　昭和時代　駅中心は市街地のみになる 　　Q　どのように土地のようすは変わったのかな。 5．人口の変化を調べよう 　　2000年までは増加している。 　　市町村合併しても人口減少は止まらない。 　　Q　人口はどのように変化しているのかな。 6．7．人々の生活の変化を調べよう 　　Q　人々の生活はどのように変化しているのかな。 8．～10．市のようすや人々のくらしを年表にまとめよう 　　Q　ようすが大きく変わる節目はどこかな。どの前後 　　　で，どのような変化があったのかな。	1．2． 空間 鉄道や道路などが市に広がり，駅の周りのようすを変えていったことを理解する。 3．4． 空間　時間 時代によって土地の使われ方が変わってきたことを理解する。 5．～7． 時間 人口の変化や人々の生活の変化は,鉄道,土地のようすの変化などと関連していることを理解する。 8．～10． 市のようすの移り変わりと人々のくらしの変化を関連付け，変化の節目や傾向を考え，話し合う。
3時間	**3　私たちの市に関わる課題** 1．私たちの市の問題 　　人口減少　　国際化 2．3．これからの市のようすの移り変わりと 　　　自分にできること 　　Q　これからどんなことができるのか話し合おう。 　　　・ラグビーワールドカップをもり上げよう。	1． 人口の減少や国際化が市にとってどんな影響があるのかをつかむ。 2．3． 学習したことをもとにして，自分にできることを話し合う。

（関根均　熊谷市立妻沼南小学校）

~新単元・新教材の開発~

4年 自然災害から県民のくらしを守る

1 単元のねらいと育てたい資質・能力

身近な自然災害について，その原因，関係機関の対策や予防を調べる活動を通して，地域の関係機関や人々が協力して対処していることや，自分たちにできる備えを考えられるようにする。

知識・技能	地域の関係機関や人々は，自然災害に対し協力して対処をしていることや，備えをしていることを理解する。
思考力・判断力・表現力	過去に起きた自然災害，県や市，地域の人々の取り組みなどに着目して，災害から人々を守る活動に従事する関係機関の働きや協力を考え，表現する。
主体的に学習に取り組む態度	身近に起こりうる自然災害や地域，関係機関の協力から課題をとらえ，自分たちにできることなどを考えようとする。

2 新しい社会科への授業アイディア

New Plan

- 国と地域（市，県）レベルの協力による災害の取り組み
- 地方公共団体などの政治の働き
- 自分たちにできることなどを選択，判断

これまでのプラン
- 安全なくらし（警察，消防，防災）の中から選択
- 第4学年　安全なくらしと防災
- 第5学年　国土との関わりと防災

深い学びへと導く思考の過程

●社会的事象の見方・考え方を働かせて，自然災害に対する取り組みを見つめる。

①過去，現在起きている災害
Q　わたしたちの地域で，水害は起きているのかな。
→ A　昔，洪水は起きていたけど，今は起きていない。

Q　現在，どうして水害が起きなくなったのだろう。
→ A　調べたいことや疑問に思ったことから，学習問題をつくる。

②災害に対する国や県，市の取り組み，備え
Q　国や県，市はどのような取り組みをしているのだろう。
→ A　国や県，市は協力してさまざまな取り組みを行い，災害に対して備えている。

③災害に対する地域の取り組みや備え
Q　地域の人々は，どのような取り組みをしているのだろう。
→ A　消防団，自主防災組織などを通して，地域の人々が自分たちの地域を守っている。

●社会的事象の見方・考え方を働かせて，自分なりに防災意識を高める。

④日ごろからできる自分なりの取り組み
Q　災害に備えて，わたしたちはこれから何ができるのか，話し合おう。
→ A　意見交換して，よりよい方法を話し合い，判断する。

3 本単元の授業プラン（時数11時間）

配当	内容（Q：主な問い　　　　：主な資料）	見方・考え方, 選択・判断
3時間	**1　地元にある災害** 1．身近にある災害 　最近起きた水害 　昔，地元でも水害があった証拠 　洪水年表 　Q　わたしたちの地域で，水害は起きているのかな。 2．3．地域で起きた災害調べ 　市の地図（地形図）　洪水年表 　Q　現在，どうして水害が起きなくなったのだろう。 　Q　調べる計画を立てよう。	1． 時間 年表や史跡などから洪水が起きた事実から，現在や未来は大丈夫なのか，問題意識を高める。 2． 相互関連 水害と河川や地形との関連から，洪水が起きやすいことをつかませる。
6時間	**2　災害を防ぐための取り組み** 1．2．3．国や県の取り組み調べ 　堤防の改修の資料 　調節池の整備の資料 　Q　国や県はどのような取り組みをしているのだろう。 4．5．市の取り組み調べ 　防災無線 　市役所から市民に情報が伝わる図 　ハザードマップ 　Q　市はどのような取り組みをしているのかな。 6．地域の取り組み調べ 　消防団の募集ポスター 　消防団や自主防災組織の活動内容 　災害時に助ける人たち 　Q　災害に備えて，地域の人々はどのような取り組みをしているのだろう。	1． 相互関連 災害に対して，国や県などが行っている取り組みを調べ，各関係機関が協力して対策していることを理解する。 2．3． 相互関連 災害に対して，市が行っている取り組みを調べ，情報を流したり備えたりしていることを理解する。 4． 相互関連 消防団や自主防災組織の設置や取り組みを調べ，地域全体で取り組んでいることを理解する。
2時間	**3　防災に関わる課題と防災意識** 1．2．これからの防災と自分にできること 　防災に関するアンケート 　防災についての家族の話し合い 　Q　県や市はいろいろな取り組みを行っているが，わたしたちは何もしなくて大丈夫なのだろうか。 　Q　災害に備えて，わたしたちはどのようなことをしたらよいか，話し合おう。	1．2． 選択・判断 自分たちは何もしていない現状から課題をつかみ，学習したことをもとにして，自分にできることを話し合う。

第4章　授業づくりのアイディアとプラン　**57**

1 地元にある災害 配当3時間／11時間

1. 身近にある災害

1	2	3	4	5	6	7	
8	9	10	11				時

■**本時のねらい**　県内や地域で最近起きた災害から，今までわたしたちの身の回りにはどんな災害が起きているのかに興味・関心をもって調べようとする。

■**本時のプラン**

◇活動　T：教師の働きかけ　Q：主な問い　●期待する子どもの反応	資　料
◇写真（災害の写真で地域に起きる可能性のあるものなど）を提示する。	
T：何の災害ですか。	
●大雨だ。　　●洪水かな。　　●すごいなあ。　　●こわいなあ。	❶最近起きた自然災害（水害）
T：どうしてこうなったのですか。	
●雨がたくさん降ったから。　　●自然の力によって被害を受けたから。	
Q　わたしたちの地域で，水害は起きているのかな。	
◇災害とわたしたちの生活との関わりを考える。 ●全くない。　　　　　　●自分たちが生きているうちはなかった。 ●昔はあったのかな。　　●これから起こるのかな。 ◇地域の過去の災害を調べる。	
T：このお寺の門にある横の線は何でしょう。	
●何があったのかな。 ●何かの傷跡　　　　●何かを塗ったあと	❷昔，地元でも水害があった証拠①
T：この石碑には，何と書いてあるのでしょう。	
●洪水って書いてある。　●洪水があったことを忘れないようしているのかな。 ◇洪水に関する年表を調べる。	❸昔，地元でも水害があった証拠②
T：洪水はいつ起きていたのかな。	時間
●昔は結構あったんだ。　●最近まであったんだ。カスリーン台風って何だ。	❹洪水年表
◇**まとめ** ・わたしたちの地域でも，昔は洪水などがひんぱんに起きていた。	

児童が「見方・考え方」を働かせるポイント　　　　　　　　　　　時間

　本時では，県内や地域で起きている災害が過去，現在とどうなってきたのかをとらえさせる。
　災害が起きにくい地域であれば，昔洪水が起こった事実などからだれがどのような取り組みを行ってきたか，問題意識を高めさせる。もし，身近な事例があれば，災害から守るためにどのような取り組みが行われているのか，見通しをもたせたい。

4年

資　料

❶ 最近起きた自然災害（水害）

　写真から埼玉県内でも水害が起きていることを知り，災害の恐ろしさやすごさをとらえさせたい。そして，災害は自分のまわりに起きる可能性があることに気づかせたい。

越谷市せんげん台駅前（2015年9月10日）
〔写真提供：朝日新聞社〕

❷ 昔，地元でも水害があった証拠①

　文献や石碑など，昔，地域で自然災害が起きた事実から，今でも自然災害が起こる可能性があることに気づかせたい。下の写真では洪水によって門の色が変わってしまったことがうかがえる。

熊谷市聖天山の中門

❸ 昔，地元でも水害があった証拠②

　洪水が起きたことがわかる資料として，自分の地域と洪水がわかる文字を探したり，書いてある内容を推理したりする活動から，自分の地域でも洪水が起きていたことがわかる。

<u>利根川畔</u>　　<u>妻沼勝郷</u>　　魚名後胤
眞盛草創　　観音垂跡　　聖天霊場
院号歓喜　　邦国武蔵
　　　　　〈一部省略〉
寛保二歳　　壬戌之秋　　久霖蕩陸
田園就荒　　暴嵐烈々　　<u>洪水湯々</u>
塡溝塞壑　　懐山襄岡　　井泥不食
旦暮絶糧
　　　　　〈一部省略〉

〔『妻沼聖天山境内，聖泉湧出碑』より〕

❹ 洪水年表

　ここでは，昔，自然災害（洪水）が地域で起きていたのか，事実をつかませたい。
　例えば，利根川では，洪水をくり返していた。特に江戸から昭和にかけて起きた水害は，絵地図，石碑，写真などで確認できる。資料❷と関連付けることで，今自然災害が身近に起きていなくても，将来災害が起こる可能性があることに気づかせることができる。
　また，洪水は現在どうして起きていないのか，また，これからも起きないのか，課題意識をもたせる。

第4章　授業づくりのアイディアとプラン　59

2.3. 地域で起きた災害調べ

1	2	3	4	5	6	7	
8	9	10	11				時

■本時のねらい　昔起きた災害や市の地形について話し合い，学習問題を立てる。

■本時のプラン

◇活動　T：教師の働きかけ　Q：主な問い　●期待する子どもの反応	資　料
◇前時のふり返りをする。 ●昔は洪水が結構あったんだ。 ●年表や石碑から洪水の証拠を見つけた。 ◇熊谷市の地形をふり返り，災害との関連を話し合う。	❶市の地図
T：熊谷市はどのような地形でしょう。	
●北が低地で，南が丘陵。 ●利根川と荒川にはさまれている。	
T：地形からどのようなことが言えますか。	
●洪水がいつ起きてもおかしくない。 ●洪水が起きやすいかもしれない。 ●でも，洪水が起きないのはどうしてなのかな。	
Q　現在，どうして水害が起きなくなったのだろう。	相互関連
◇洪水年表と洪水が起こらなくなった理由を関連付ける。 ●きっと国がダムをつくったんだよ。 ●県が何かしたのかも。 ●土手をつくったかもしれない。 ●熊谷市は何かしたのかな。 ◇話し合ったことをもとにして，調べたいことや疑問に思ったことから学習問題 　をつくる。	❷洪水年表
学習問題　わたしたちの地域では，だれがどのようにして災害を防ぎ，わたしたちの 　生活を守っているのだろう。	

児童が「見方・考え方」を働かせるポイント　　　相互関連

本時では、まず災害が身近なできごとであることを地形などと関連付けてとらえさせる。

次に、昔洪水が起こった事実や現在はその心配がなくなっていることなどからだれがどのような取り組みを行ってきたか、その対策などについて問題意識を高めさせる。もし、身近な事例があればそれらを教材化したりして、災害からわたしたちを守るためにどのような取り組みが行われているのか、見通しをもたせたい。

資料

熊谷市の地図

❶ 市の地図

ここでは、地図を使ってなぜ水害が起こりやすいのかを追究する。例えば、河川の位置、土地の高低などの理由によって起こりやすいことを空間的にとらえさせる。

熊谷市においては、2つの河川（利根川、荒川）に囲まれているため、水害が起こりやすい環境にあることに気づかせることができる。

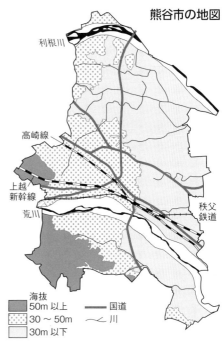

❷ 洪水年表

洪水の歴史を第1時で学習し、第2時では年表の点線部分の右側を広げて、洪水がなぜ起こらなくなったのか、因果関係を考えさせる。

年	主な洪水	対　策
1868（明治元）	利根川、渡良瀬川洪水	
1870（明治3）	利根川、渡良瀬川洪水	1875（明治8）〜1899（明治32）利根川低水工事
1885（明治18）	渡良瀬川、下利根川の堤防決壊	
1890（明治23）	利根川、渡良瀬川大洪水	
1894（明治27）	渡良瀬川大洪水	
1896（明治29）	利根川大洪水、東京にも被害	1896（明治29）河川法制定
1910（明治43）	利根川大洪水、東京にも被害	1900（明治33）〜1909（明治42）利根川第1期改修工事
1935（昭和10）	利根川大洪水、東京にも被害	1907（明治40）〜1930（昭和5）利根川第2期改修工事
1938（昭和13）	利根川大洪水	1909（明治42）〜1930（昭和5）利根川第3期改修工事
1941（昭和16）	利根川大洪水	1939（昭和14）〜利根川増補工事着工
1947（昭和22）	カスリーン台風による大洪水	
1950（昭和25）	小貝川堤防決壊	1951（昭和26）田中調節池暫定完成
1958（昭和33）	利根川、利根川支流洪水	1956（昭和31）菅生調節池暫定完成
1959（昭和34）	利根川、鬼怒川洪水	1958（昭和33）藤原ダム完成
1966（昭和41）	渡良瀬川、荒川洪水	1963（昭和38）〜5年ごとに、治水五箇年計画を策定
1982（昭和57）	利根川洪水	1970（昭和45）渡良瀬遊水地第1調節池完成
2015（平成27）	鬼怒川堤防決壊	堤防強化、災害・避難情報の伝達

〔国土交通省、国土交通省利根川上流河川事務所ほかの資料をもとに作成〕

2 災害を防ぐための取り組み 配当6時間／11時間

1・2・3．国や県の取り組み調べ

1	2	3	**4**	**5**	**6**	7	
8	**9**	**10**	**11**				時

■**本時のねらい**　都道府県が行っている，水害からわたしたちの生活を守る取り組みについて調べる。

■**本時のプラン**

◇活動　T：教師の働きかけ　Q：主な問い　●期待する子どもの反応	資　料
◇堤防の写真を提示する。 ●堤防だ。　　●大きいな。　　●利根川かな，荒川かな。	※堤防の写真
T：堤防はどのような働きがありますか。	
●洪水からわたしたちの生活を守る。 ◇洪水からわたしたちの生活を守るために，だれがどのように堤防を改修しているかを調べる。	❶堤防の改修の資料
T：堤防の改修の資料から，どのようなことがわかりますか。	
●堤防を広くしたり，コンクリートで固めたりして強化している（護岸）。 ●川床堀削　　　　　　　●河道の拡幅　　　　　　●だれが？ ◇県が行っている具体的な取り組みについて調べる。	
T：ほかに国や県が取り組んでいるものを調べましょう。	
●ダムの建設　　　　　　●緊急時の対応 ●調節池の整備　　　　　●下水道施設等の整備推進 ●ハザードマップ作成の支援　　●市町村との協力・連絡方法を定める。 ●防災マニュアルブックをつくってみんなに知らせている。	❷調節池の整備の資料 ※国や県の風水災害対策の資料
Q　国や県はどのようにして，災害を防いでいるのだろう。　　　相互関連	
◇県が行ってきたことについて話し合う。 ●ダムや堤防，排水施設などの整備，緊急時の救助などにより，国や県がわたしたちの生活を守っている。 ●県は，市と協力して災害を防いでいる。 ●水害が起きたときの対処の方法を教えてくれている。	※堤防の改修工事予定図
◇まとめ ・県は土手を強固にしたり，調節池などをつくったり，防災マニュアルブックをつくって県民に情報を伝えたりして，わたしたちの生活を守っている。	

62

児童が「見方・考え方」を働かせるポイント　　相互関連

本時では，自分の住んでいる県と近隣の県が協力・連携して災害を防ぐ取り組みを扱う。
地図などの資料が多くなり，空間的に見る活動が多くなる。また，資料の引用としては，河川事務所などの国の機関の情報が考えられる。複数の資料を関連させながら，災害を防ぐための県の取り組みについて，興味・関心をもたせたい。

4年

 ## 資　料

❶ 堤防の改修の資料

ここでは，今ある堤防をさらに強化するために，堤防の改修を計画的に行っていることを着目させる。利根川や荒川などは国が管理・改修を進めているが，それ以外に県が管理している川（福川，入間川，元荒川など）があるので事前に確認するとよい。
もし，近くの河川で堤防工事をしているなら，調査し，写真資料などで紹介してもおもしろい。

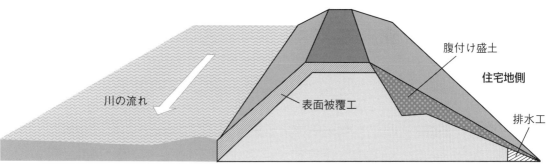

〔「平成28年度当初予算における主要な施策－埼玉」を参考に作成〕

❷ 調節池の整備の資料

ここでは，調節池の整備が埼玉県じゅうに整備されていることや，点が利根川や荒川周辺，県南に集中していることに着目させたい。そして，県の土地の使われ方と関連させてなぜ県南に集中しているのかを関連させる活動が考えられる。

● 調節池
― 放水路
〜 川

〔埼玉県ホームページ「調節池・排水機場・放水路マップ」を参考に作成〕

第4章　授業づくりのアイディアとプラン　63

4. 5. 市の取り組み調べ

1	2	3	4	5	6	7
8	9	10	11			時

■**本時のねらい**　災害に対して，市が関係機関と協力しながら対策を行っていることを理解する。

■**本時のプラン**

◇活動　T：教師の働きかけ　Q：主な問い　●期待する子どもの反応	資　料
◇市の防災無線を聞かせる。	
T：防災無線はどんな働きがありますか。	
●火災が起きたら知らせる。　　●災害が起こりそうなときに注意する。	❶防災無線
T：防災無線は，だれがどのようにして情報を伝えていますか。	
●市役所の人　　　　　　　●危険があるときに伝える。	❷市役所から市民に情報が伝わる図
◇市が，ほかにどのような取り組みを行ってきているのか調べる。	
T：市は，ほかにどのような取り組みを行っていますか。	
●ハザードマップの作成　　　●洪水予報の伝達方法の工夫（市民に知らせる） ●避難所の準備・設置　　　　●相談窓口設置 ●各機関と連携して対処（県，消防署，警察署，自衛隊，熊谷気象台，河川事務所など） ●啓発運動（防災に関する学習，防災の予防，生活必需品など） ●自主防災組織の支援・援助	❸ハザードマップ ❹避難所の設置・防災倉庫
T：ハザードマップはどのようなものでしょうか。	
●危険な地域　　●危険なところの広がり ●危険な程度　　●安全なところ　　　　●避難場所	
◇市の取り組みについて話し合う。	
Q　市はどのようにして，災害を防いでいるのだろう。　　　相互関連	
●防災無線やハザードマップなどで，あらかじめ危険なところを知らせている。 ●万が一のために，すぐに情報を伝えるしくみや避難所の設置をしている。	
◇まとめ ・市は，水害からわたしたちの命を守るために，あらかじめ危険なところを示し，危なくなったらすぐに逃げるように情報を流している。	

64

児童が「見方・考え方」を働かせるポイント

相互関連

　本時では，市町村の取り組みを中心に扱う。
　HPには災害情報やハザードマップなどが掲載されているので，あらかじめ確認したい。ハザードマップは，市の災害に対する取り組みを空間的にとらえることができるので，ハザードマップの意味や働きをしっかりおさえる。場合によっては危険箇所に住んでいる児童が想定されるので十分に配慮したい。

資　料

❶ 防災無線（HP，メール，音声など）

　さまざまな媒体による伝達方法があるので，児童の実態に合わせて活用することが考えられる。くわしくは市のHPに掲載されているので，参考にしたい。

〔熊谷市ホームページ〕

❷ 市役所から市民に情報が伝わる図

　情報が県から各機関，市役所に情報が伝わってきているしくみがわかる。そして，情報が一方通行で伝わることで，正確に早く伝わる工夫をとらえさせる。

住民等に対する情報伝達系統図

〔熊谷市地域防災計画〕

❸ ハザードマップ

　ハザードマップは，地図の色分けによって水害の被害状況の程度や広がりを空間的にとらえることができる。第1時で扱った地図の地形のようすや河川のようすと関連付けさせたい。

❹ 避難所の設置・防災倉庫

　❸と同じハザードマップを使い，さらに細かく避難所の位置と災害の程度とを関連させたり，避難所どうしの位置がどうなっているのかを空間的にとらえさせたりして，市役所が避難所を意図的に設置していることを考えさせる。

〔ハザードマップは熊谷市提供〕

6．地域の取り組み調べ

1	2	3	4	5	6	7	
8	**9**	10	11				時

■**本時のねらい**　地域の人々が消防団や自主防災組織を組織していることを調べ，まとめようとしている。

■**本時のプラン**

◇活動　T：教師の働きかけ　Q：主な問い　●期待する子どもの反応	資　料
◇消防団の募集ポスターから，消防団について調べる。	
T：このポスターを見て，どのようなことに気づきましたか。	
●消防団の募集ポスター　　　　　　　●服装がちがって，同じ人がいる。 ●消防署の人と消防団ってちがうのかな。 ◇災害が起きたら，消防団はどんなことをしているのかを調べる。	❶消防団の募集ポスター
T：消防団の活動を調べよう。	
●災害が発生したときは，地域の人々の救出救護や避難誘導を行うんだね。 ●ふだんは，市民への防火指導や広報活動を行っているんだね。 ◇自主防災組織について調べる。	
T：自主防災組織とはどのような組織ですか。	
●地域の組織　　　　●自治会が中心になって行っている。 ◇自主防災組織はどのようなことをしているのか調べる。 ●避難訓練　　　　●地域の安全点検　　　●自力で避難できない人の確認 ●救出救護　　　　●初期消火　　　　●避難誘導　　　　　　●炊き出し	❷自主防災組織の資料
Q　災害に備えて，地域の人々はどのような活動をしているのだろう。　**相互関連**	
◇消防団と自主防災組織の2つの組織には，何が共通しているかを考える。 ●地域の人々が自分たちの地域を守っている。 ●避難誘導，救助活動などをしている。 ●災害時にはとても役に立ちそう。 ◇阪神・淡路大震災における救助数のグラフから言えることを調べる。 ●地域の人々がほとんど助けている。 ●消防団や自主防災組織は，だから必要なんだ。	❸消防団や自主防災組織の活動内容 ❹災害時に助ける人々
◇まとめ ・地域の人々は，消防団や自主防災組織をつくり，災害が起きたときのために備えたり，訓練をしたりして，地域を守ろうとしている。	

児童が「見方・考え方」を働かせるポイント　　相互関連

本時では，消防団や自主防災組織など，地域の人々が中心となって，災害に対して備えたり，地域を守る活動をしたりしていることをとらえる。地元で行っている消防団や自主防災組織の活動等を取り入れ，地域の取り組みについて興味・関心をもたせたい。

4年

資料

❶ 消防団の募集ポスター

消防団は地域の人から選ばれていることや，友だちのお父さんが属していることから，地域と関連していることをとらえさせる。

〔ポスター提供：川越市消防団〕

❷ 自主防災組織の資料

地域の人々が中心となって訓練や炊き出しを行っていることから，地域でも防災活動を行っていることに結び付けさせる。

※自主防災組織とは
「自分たちの地域は自分たちで守る。」という連帯感に基づき，地域の方々が自発的に，初期消火，救出・救護，集団避難，給水・給食などの防災活動を行う団体（組織）のことをいう。
地域の方々の合意に基づき，自発的に活動を行うという意味で，消防組織法により消防機関として位置づけられている消防団とは性格が異なる。
通常，町内会や自治会単位に結成され，「○○町自主防災会」といった名称の団体が多いが，地域の方々により自発的に活動する団体であれば，町内会や自治会単位の結成に限定しているものではない。

〔埼玉県ホームページ参照〕

❸ 消防団や自主防災組織の活動内容

地域の活動内容をより深めるためには，地域の自主防災組織で活動している人や，消防団の人から話をうかがうとよい。自主防災組織は自治会が運営に携わっていたり，消防団は保護者や地域の人々が加わっていたりする場合もある。あらかじめ情報を入手しておくとよい。

※自主防災組織の活動例
・組織体制の整備　　　　・防災知識の習得
・市町村防災訓練への参加
・応急救護講習の受講
・防災訓練の実施…初期消火，救出・救助，救護，情報収集・伝達，避難誘導，給食・給水など
・家庭内の防災対策の促進
・地域の基礎データの作成
・災害時の活動計画の作成

〔埼玉県ホームページ参照〕

❹ 災害時に助ける人々

大規模災害では，救助隊よりも地域の人々や家族の人の力が必要であることをとらえさせる。

阪神・淡路大震災の時にだれに助けられたか

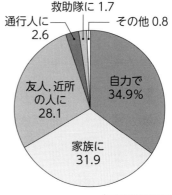

救助隊に 1.7
通行人に 2.6
その他 0.8
自力で 34.9%
友人，近所の人に 28.1
家族に 31.9

〔日本火災学会調べ〕

第4章　授業づくりのアイディアとプラン　67

3 防災に関わる課題と防災意識 配当2時間／11時間

1・2．これからの防災と自分にできること

1	2	3	4	5	6	7
8	9	**10**	**11**			

時

■**本時のねらい**　災害に対する対策のアンケートから自分たちの問題を見つけ，その解決策を話し合い，自分の考えをまとめる。

■**本時のプラン**

◇活動　T：教師の働きかけ　Q：主な問い　●期待する子どもの反応	資　料
◇災害に備えて各家庭がどのようなことを行っているか，事前に質問したアンケート結果や既習事項から問題を読み取る。	※災害の備えに関するアンケート
T：アンケートから，どのようなことがわかりますか。	
●災害に備えている人は意外と少ない。　　●水や食料はあるけど大丈夫かな。	
T：みなさんの家はどのようなことをしていますか。	
●あまりしていない。　　●やっているかどうかわからない。	
T：この地域は，どのような災害が起こりそうですか。	
●水害。なぜなら，ハザードマップで災害が想定されている。 ●同じく水害。昔起こったことがあるからこれから起こるかもしれない。 ●大地震。昔，関東大震災が起こったから。 ◇わたしたちの課題を整理する。 わたしたちの課題（例） • 災害に備えてあまり用意していない。 • 災害が起きたら，どのようなことをしたらよいのかがわからない。 • 家族とそういう話をしたことがない。 ◇解決策を考える。	◆ワークシート
Q　災害に備えて，わたしたちがどのようなことをしたらよいか，話し合おう。　選択・判断	
わたしが考えた解決策 • 災害に備えて，食料の確保やラジオなどが必要。 • 家族と避難場所がどこにあるのかを確認する。 • 災害時には地域の人の協力が必要だから，どんな人がいるのか知っておこう。 ◇まとめたものについて，同じ地区の子どもどうしと意見交換を行う。	❶防災について家族で話し合う。 ❷避難する場所や経路を考える。

児童が「見方・考え方」を働かせるポイント　　選択・判断

　本時では，今まで学習したことをもとにして，自分たちの防災に対する備えや意識の問題から社会に見られる課題に気づき，どのようなことをしていけばいいのかを考え，子どもたちなりの選択・判断をさせたい。そのために，学習したことをふり返させる工夫や，事前に家庭へのアンケートの協力などが必要である。

資　料

❶ 防災について家族で話し合う。

　いざというときにどのようなことができるのか，家族で話し合うようにさせたい。

❷ 避難する場所や経路を考える。

　家族がどこに逃げれば会えるかや，具体的な避難経路について話し合うようにさせたい。

◆ ワークシート例

◇学習したことをもとに，どのようなことが問題か考えよう。

◇自分たちにできる解決策について考えよう。

（関根均　熊谷市立妻沼南小学校）

～これからの食料生産（選択・判断）～

5年 国民の食生活を支える食料生産

1 単元のねらいと育てたい資質・能力

　主な食料品の生産地や生産の仕方を調べる活動を通して，我が国の食料生産向上のために取り組む人々の工夫や努力，およびこれからの食料生産のよりよいあり方について考えられるようにする。

知識・技能	主な生産地や安心・安全な食料生産に関わる資料等を読み取り，国民の食生活を支える食料生産の工夫や努力を理解する。
思考力・判断力・表現力	食生活の変化や食料生産の現状から，食料生産の課題について考えたことを適切に表現する。
主体的に学習に取り組む態度	食料生産の現状と課題から，これからの食料生産についてのよりよいあり方を考えようとする。

2 新しい社会科への授業アイディア

New Plan

- 単元のスリム化
- 食材の産地として，野菜やくだものなど，全体をとらえる視点
- 現状と課題を関連付けたこれからの食料生産

これまでのプラン
- 長期にわたる単元計画
- 稲作のほか，野菜，くだもの，畜産物，水産物などからの選択制
- これからの食料生産

深い学びへと導く思考の過程

●社会的事象の見方・考え方を働かせて，食料確保の現状を見つめる。

①多様化する食生活
Q　昔と今，食生活にどのようなちがいがあるのかな。
➡ A　今は，昔とちがって，いろいろな食べ物があるんだな。

②食材のふるさと調べ
Q　主な食べ物，そのふるさとはどこだろう。
➡ A　日本全国でつくられている。外国でつくられたものもある。

③食生活を支えるための食料確保
Q　どんなところで，どのように食料生産を行っているのかな。
➡ A　それぞれの場所で安心・安全な食料生産を工夫して行っている。

④我が国の食料生産の現状と課題
Q　日本の食料生産，どんなところが心配。
➡ A　食料品によっては外国からの輸入に頼っていることに不安がある。

●社会的事象の見方・考え方を働かせて，これからの食料生産のあり方を考える。

⑤これからの食料生産
Q　日本の食料生産の課題を解決する取り組みは何だろう。
➡ A　安定した大量生産の取り組み，地産地消を生かした取り組みなどがある。

⑥新しい取り組み
Q　これからの食料生産について，よりよいあり方とは。
➡ A　意見交換をして，よりよいあり方を話し合う。

70

3 本単元の授業プラン（時数15時間）

配当	内容（Q：主な問い ☐：主な資料）	見方・考え方 選択・判断
5時間	**❶ 食生活を支える食材のふるさと** **1. 多様化する食生活** 　☐昭和30年代の朝食と現在の朝食 　Q　昔と今，食生活にどのようなちがいがあるのかな。 **2. 食材のふるさと調べ①** 　☐食品売り場　☐いろいろな米の銘柄 　Q　主な食べ物，そのふるさとはどこだろう。 **3.4.5. 食材のふるさと調べ②③④** 　☐野菜の生産額　☐くだものカレンダー 　☐主な漁港の水あげ 　Q　野菜，くだもの，魚，そのふるさとはどこだろう。	1. 時間 昔と今の食生活の比較を通して，多様化する現在の食生活のようすをつかむ。 2.3.4.5. 空間 相互関連 米・野菜・くだもの・水産物の産地を関連付け，国内や海外などさまざまな場所で生産されていることをつかむ。
7時間	**❷ 食料生産のさかんな地域で働く人々** **1.2.3. 米づくりのさかんな地域を訪ねて①②③** 　☐庄内平野のようす　☐米づくりカレンダー 　☐昔と今の生産のちがい 　Q　米づくりがさかんな理由は何だろう。 　Q　どんなお米が好まれるのかな。 　Q　昔と今では，どのように米づくりが変わったのだろう。 **4.5.6. 水産業のさかんな地域を訪ねて①②③** 　☐漁業の種類　☐養殖業のようす　☐栽培漁業のようす 　Q　「とる漁業」と「育てる漁業」のちがいは何だろう。 　Q　養殖業を行う理由は何だろう。 　Q　魚をとりながら，増やすための取り組みって何だろう。 **7. 食材のふるさとと店をつなぐ運輸の働き** 　☐ピーマンの収穫量の多い都道府県と東京都の入荷先 　Q　鮮度を保って，どうやって店まで運ぶのだろう。	1.2.3. 時間 相互関連 米づくりのさかんな地域と生産者の取り組みについて調べ，生産に従事する人々の工夫や努力によって食生活が支えられていることを理解する。 4.5.6. 相互関連 水産業のさかんな地域と生産者の取り組みについて調べ，生産に従事する人々の工夫や努力によって食生活が支えられていることを理解する。 7. 相互関連 生産された食品が，消費者のもとに届けられるまでの取り組みを調べ，輸送についての工夫や努力について理解する。
3時間	**❸ 食料生産をめぐる課題とこれからの食料生産** **1. 食生活をめぐる問題** 　☐自給率の変化　☐食の安全をめぐる輸入食品の問題 　Q　輸入に頼りすぎていて，大丈夫なのか。 **2. 食料生産をめぐる問題** 　☐国産と輸入農産物の値段のちがい 　Q　日本の食料生産はさまざまな問題をかかえている。どうすればいいのだろう。 **3. これからの食料生産とわたしたち** 　☐新しい取り組み(野菜工場，食のブランド化，地産地消) 　Q　新しい取り組みは，どのような問題の解決につながるのだろう。 　Q　これからの食料生産について，自分の考えをまとめ，意見交換しよう。	1.2. 選択・判断 消費者・生産者それぞれの立場で考えたことをもとにして，食料生産の現状とそれをめぐる課題についてつかむ。 3. 選択・判断 食料生産の新しい取り組みについて調べ，それらがどのような課題についての解決につながるか話し合い，考えをまとめる。

第4章　授業づくりのアイディアとプラン　71

1 食生活を支える食材のふるさと 配当5時間／15時間

1．多様化する食生活

1	2	3	4	5	6	7	8	9	10
11	12	13	14	15					時

■**本時のねらい**　現在の外食産業のようすや家庭での聞き取り調査をもとに，自分たちの今の食生活と昔の食生活との比較を通して，多様化する現在の食生活について興味・関心をもつようにする。

■**本時のプラン**

◇活動　T：教師の働きかけ　Q：主な問い　●期待する子どもの反応	資　料
◇2枚の写真（昭和30年代の朝食と現在の朝食の写真）を提示する。　いつの時代の食事なのかは触れないようにする。 ●ごはん，魚，みそ汁。朝ごはんかな。 ●パン，スクランブルエッグ，ソーセージ。朝ごはんだ。	❶昭和30年代の代表的な朝食と現在の朝食の写真
T：昭和30年代によく食べられていたのはどちらの写真の朝食でしょうか。	
●昔から食べられていたのは米だから，ごはんのほうじゃないかな。 ●昔は，ソーセージはなかったのではないかな。	
T：みなさんの家庭では，どちらのような朝食をよく食べますか。	
●わたしの家では，ご飯をよく食べるわ。 ●僕の家も，写真のおかずとはちがうけれど，ごはんはよく食べるよ。 ●わたしの家は，パンをよく食べるな。 ◇どちらの写真が昭和30年代なのか知らせる。	
Q　昔と今，食生活にどのようなちがいがあるのかな。　**時間**	
◇資料をもとにして，昔と今の食生活を比較する。 ●昔の食事は，ごはんやみそ汁，魚などをよく食べていたようだね。 ●家でも外食でも，米や魚は，今もよく食べていると思うよ。 ●今は，昔とくらべて，外国の料理が多いね。 ●今とくらべて昔はあまり，外の店で食事をすることがなかったみたいだよ。	❷家庭での聞き取り調査（今と昔） ❸外食産業調査
◇まとめ ・今は，昔とくらべて，いろいろな食べ物があり，選べる。 ・パンやめん類などいろいろ増えたけれど，昔も今も「ごはん」は主食。 ・魚も昔からよく食べるおかず。	

児童が「見方・考え方」を働かせるポイント

本時では，昔と今の食生活を比較し，現在の食生活が多様化していることに着目させる。

そのために事前にふだんの生活をもとにした児童や家庭への生活アンケートを実施し，それらを活用する。また，インターネットの検索サイトを活用することで，自分で食べたいものを自由に選べることについて気づかせ，食の多様化に興味・関心をもたせ，食生活の変化をつかませる。

時間

資　料

❶ 昭和30年代の代表的な朝食と現在の朝食の写真

ここでは，昔の朝食はご飯が主食であったことに着目させたい。そして，現在では，ご飯以外のパンなどを主食としている家庭もあることをとらえさせる。その上で，ご飯を主食としている家庭が現在もあることから，「ご飯は昔も今も変わらない主食」であることに気づかせたい。

昭和30年代の朝食

〔写真提供：朝日新聞社〕

現在の朝食

❷ 家庭での聞き取り調査

■今（いま）

ここでは，実際にふだんどのような食生活を過ごしているのか実感させたい。内容としては，ふだんから家でよく食べる（つくる）料理やよく食べにいく外食先・料理名などを調査し，表などにまとめて提示するとよい。

■昔（むかし）

昔の食生活を理解させるために，児童の父母や祖父母に子どものころの食生活の内容をアンケートしたい。あるいは，学校の中の同年代の職員にアンケートしてみてもよい。事前にアンケートした内容を表などにまとめて提示するとよい。

なお，学校で給食参観等があれば，その際に父母や祖父母に昔の給食の内容を児童にアンケートさせた内容を活用してもおもしろい。

※いずれの場合もプライバシーに配慮したかたちで活用したい。

❸ 外食産業調査

■インターネットの活用

外食産業調査では，多様な種類があることに気づかせたい。そのために，インターネットの検索サイトを活用する。

サイトに検索をかけると，その中にはさまざまな種類の料理が存在することに気づかされる。例えば，ある検索サイトのレストランのジャンルには，和食・洋食・西洋料理・中華料理・アジア・エスニック・カレー・焼肉・ホルモン・鍋・創作料理・無国籍料理などが選択できる。

また，ふだん外食に行くことがあまりない家庭があることも考えられるが，その際は，検索サイトで調べた料理を知っていることや家で食べたことがあるといった視点で調べさせてもよい。

なお，インターネットが活用できない場合は，電話帳などを活用して，外食のジャンルを調べることも考えられる。

2. 食材のふるさと調べ①

1	2	3	4	5	6	7	8	9	10
11	12	13	14	15					時

■**本時のねらい**　米の産地について調べ，気づいたことを話し合うとともに，米の生産に興味・関心をもつようにする。

■**本時のプラン**

◇活動　T：教師の働きかけ　Q：主な問い　●期待する子どもの反応	資　料
◇前時の学習をふり返りながら，資料を提示する。 ●くだもの売り場の写真だね。 ●お米売り場の写真だね。いろいろなお米の袋が置いてある。 ●よく行くお寿司屋さんの「今日のおすすめコーナー」によく貼ってあるよ。 ●野菜をつくっている人の顔写真が貼ってあるね。スーパーマーケットで見たことがあるよ。 ●お肉は国産と外国産で値段にちがいがあるみたいだね。 ◇これからの単元で「米，野菜，くだもの，魚」について調べていく旨を伝える。	❶くだもの売り場の写真 ❷いろいろな銘柄の米の写真 ❸産地名の入った宣伝 ❹野菜売り場の写真

> ### Q　主な食べ物（米，野菜，くだもの，魚），そのふるさとはどこだろう。　　`空間`

◇まず，米の産地から調べることを伝え，事前に児童の家から持ってきてもらった米の銘柄の袋から産地を調べさせる。 ●家にあったのは「ひとめぼれ」で宮城産だったよ。 ●私の家は「ミルキークィーン」で北海道産だよ。 ◇地図帳の都道府県別の統計を用いて，国内では，どこでどれくらい米が生産されているか調べる。 ●米は全国で生産されているよ。　　●新潟県の生産量がいちばん多いよ。 ●ほかにも，北海道や秋田県，宮城県の生産量も多い。	❺児童の家から持ち寄らせた米の袋

> T：ふだん食べているお米はどこでつくられているのか，気づいたことを話し合おう。

●日本の国内でつくられている。
●全国でつくられているけれど，東北地方や北海道などで多く生産されている。
●北のほうで多く生産されているのは，何か理由があるのかな。
◇米の生産について，これから調べてみたいことを考える。
●米の生産量が多い地域には，生産量が多いわけがあるのか。
●米の生産の仕方など。

> ◇まとめ
> ・米は，日本全国で生産されている。
> ・生産量の多いところは，北陸・東北・北海道など北のほうである。

児童が「見方・考え方」を働かせるポイント 　空間

　本時では，主な食べ物（米，野菜，くだもの，魚）がどこで生産されたものか導入部分の資料をもとにして，産地はさまざまであることをとらえさせる。
　食べ物のなかで，特に米にスポットを当て，日本の全国でつくられていること，地域によって生産量がちがうことをつかませ，今後の「米づくりのさかんな地域を訪ねて」につなげる。

 資　料

❶ くだもの売り場の写真

　くだもの売り場の写真を提示し，これらのくだものがどこでつくられているのか動機付けを行う。実際にくだものの生産地を調べることは次時で行う。

❷❺ いろいろな銘柄の米の写真

　スーパーマーケットの米売り場の写真を提示する。関心・意欲を引き出すため，ユニークな米の銘柄をクローズアップして提示してもおもしろい。

❸ 産地名の入った宣伝

　回転寿司の「今日のおすすめ」や「本日の産地」などの表示を提示する。または，スーパーマーケットなどの魚売り場など，魚の産地が表示されているものでも可。

❹ 野菜売り場の写真

　食品売り場の，地場野菜のコーナーの写真を提示する。生産者の顔写真が貼られた売り場を提示し，❸食料生産をめぐる課題とこれからの食料生産へとつなげるため，ここでは，簡単に触れる程度としたい。

〔写真撮影協力（4点）：サミット株式会社〕

3．食材のふるさと調べ②

1	2	**3**	4	5	6	7	8	9	10
11	12	13	14	15					時

■**本時のねらい**　野菜の産地について調べ，気づいたことを話し合うとともに，それぞれの生産に興味・関心をもつ。

■**本時のプラン**

◇活動　Ｔ：教師の働きかけ　Ｑ：主な問い　●期待する子どもの反応	資　料
Ｑ　野菜，そのふるさとはどこだろう。	
◇スーパーマーケットの野菜売り場の写真を提示し，どんな野菜がどこでつくられているのかを考える。	❶野菜売り場の写真
●値段表の横に産地が書いてあるよ。	
●キャベツは群馬県産，ピーマンは宮崎県産だね。	
◇資料を提示し，主な野菜の生産地を調べる。	❷野菜の生産額
●北は，北海道の生産額が多いよ。　　●関東地方は，茨城県が多いね。	
●東海地方は愛知県。　●全国各地で，野菜が生産されている。	
Ｔ：茨城県のレタスづくりについて調べてみよう。	
◇資料を提示し，茨城県で野菜づくりがさかんな理由や野菜づくりのようすを調べさせる。	
●秋出荷用と春出荷用の２回に分けてレタスをつくっている。	
●なぜ，２回に分けてつくっているのだろう。	
●ビニルハウスでレタスをつくっているんだね。	
●つくったレタスを保冷センターで保存しているよ。	
Ｔ：なぜ，わざわざビニルハウスでつくったり，保冷センターで保存したりしているのだろう。	相互関連
◇資料を提示し，ビニルハウスでレタスをつくったり，保冷センターで保存したりする理由について考えさせる。	❸レタスの入荷量と値段の変化
●出荷量が少ないほうが，値段が上がっているよ。	
●農家の人は高く売れたほうがいいよね。	
●温度調節ができるから，野菜の成長を早めたり遅らせたりするためじゃないかな。	
●出荷の時期をずらして，なるべく高い値段で買ってもらうために工夫しているんだね。	
◇まとめ ・野菜も米と同じように，日本全国で生産されている。 ・野菜の出荷の時期をずらすなどして，高く売るための工夫をしている農家もある。	

76

! 児童が「見方・考え方」を働かせるポイント

相互関連

　本時では，野菜の生産について調べる。全国の中でも野菜の生産が多い地域の特色や生産の工夫をとらえさせ，日本の野菜生産について理解を深めさせたい。
　ここでは，全国でも野菜の生産量の多い地域である関東地方の「野菜の台所」である茨城県を事例地として挙げ，生産した野菜を高く売るための工夫を調べる。

資料

❶ 野菜売り場の写真

　ここで取り扱う野菜売り場の写真は，全国各地でさまざまな野菜がつくられていることを示すため，第2時の導入で取り扱った写真とはちがうものを活用したい。

〔写真撮影協力：サミット株式会社〕

❷ 野菜の生産額

　日本のどこで，野菜を多くつくっているのか児童につかませるために提示する。

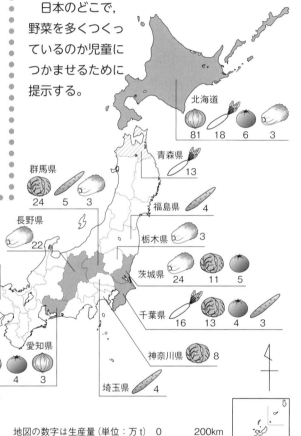

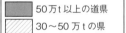

- 50万t以上の道県
- 30〜50万tの県
- 30万t未満の都府県

- キャベツ
- だいこん
- たまねぎ
- はくさい
- トマト
- きゅうり

地図の数字は生産量（単位：万t）　0　200km
〔農林水産省調べ（2015年）〕

❸ レタスの入荷量と値段の変化

　入荷量のちがいによって値段が変化することなどから，野菜の出荷をずらすことでほかの産地との差別化を図り，利益を得る工夫をしていることをつかませたい。

レタスの入荷量と値段の変化（東京中央卸売市場の例）

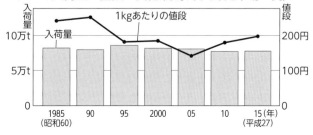

第4章　授業づくりのアイディアとプラン　77

1	2	3	**4**	5	6	7	8	9	10	
11	12	13	14	15						時

4．食材のふるさと調べ③

■**本時のねらい**　くだものの産地について調べ，気づいたことを話し合うとともに，それ
　　　　　　　　ぞれの生産に興味・関心をもつ。

■**本時のプラン**

◇活動　T：教師の働きかけ　Q：主な問い　●期待する子どもの反応	資　料
Q　くだもの，そのふるさとはどこだろう。	空間
◇前時の導入で使用した，くだもの売り場の写真（1枚目）を提示する。	
T：お店では，どのようなくだものが売られていますか。	
●グレープフルーツ　　●キウィ　　●みかん ◇提示した季節とちがう時期のくだもの売り場の写真（2枚目）を提示する。	❶夏と冬のくだもの売り場のようす
T：1枚目と2枚目の写真はどちらも同じ店のくだもの売り場ですが， 　　どのようなちがいがありますか。	
●売り場に並んでいるくだものの種類がちがう。 ●季節がちがうから，とれるくだものもちがうと思う。 ◇季節によって売り場に並ぶくだものがちがうことを確認し，主なくだものの 　とれる時期や産地を確認する。 ●いちごは冬から春，栃木県　　●スイカは夏，○○県 ●メロンは夏，○○県　　●冬はりんご，青森県　など	※くだものの生産地分布図
T：冬にとれるりんごが，夏に売られているのはなぜだろう。	
◇資料をもとにして，冬のくだものであるりんごが，夏を含めて1年中売られて 　いるわけを考える。 ●青森県産や長野県産のりんごは，低温で長期保存して，出荷しているんだね。 ●でも，ほかの道県では，やっぱり夏は出荷していないようだよ。 ●ニュージーランド産のりんごが，5月から9月にかけて出荷されているよ。 ●日本は夏だけど，ニュージーランドは冬だなんてびっくりだ。だから，りんご 　がとれるんだね。 ●日本であまりとれないときなどは，外国から買えるから安心だね。	❷夏に売られているりんご ❸くだものカレンダー ❹お店の人の話
◇まとめ ・くだものは日本全国でつくられているが，野菜と同じようにとれる時期が決まっている。 ・日本であまりとれないときなどは，外国産も出回る。	

児童が「見方・考え方」を働かせるポイント　　　空間

　本時では，くだものの生産について児童の興味・関心を高めたい。そのために，くだものの国内生産だけではなく，外国からも多く輸入されていることについて触れる。日本の食料事情として，食料輸入の多さが挙げられる。食料輸入の課題については，❸で取り上げるが，くだものの生産地調べを通して，日本の食料生産が外国からの輸入に支えられている面も児童に実感させたい。

 ## 資　料

❶ 夏と冬のくだもの売り場のようす

　夏と冬で売り場の品物やようすがちがうことから，くだものなどにはとれる時期があること，すなわち「旬」があることを子どもたちにとらえさせたい。

❷ 夏に売られているりんご

　夏にはつくられていないはずのりんご（できれば実物があるとよい）の写真を提示する。

〔写真提供：一般社団法人物輸入安全推進協会〕

❸ くだものカレンダー（東京中央卸売市場取扱量(2016年)）

順位	都道府県・国	1月	2月	3月	4月	5月	6月	7月	8月	9月	10月	11月	12月
1	青森県												
2	長野県												
3	山形県												
4	岩手県												
5	福島県												
6	秋田県												
7	山梨県												
8	ニュージーランド												
9	群馬県												
10	北海道												

■：取扱量が5000t以上　　■：取扱量が3000〜5000t　　■：取扱量が1000〜3000t
■：取扱量が1〜1000t　　□：取扱量が0〜1t

❹ お店の人の話

　冬のくだものであるりんごが出荷されている理由を，りんごを売っているお店の人の言葉で児童にとらえさせる。

> 冬のくだものであるりんごは，外国から買ったり，産地を変えたりするなどして，一年中売ることができるようにしています。

5．食材のふるさと調べ④

1	2	3	4	**5**	6	7	8	9	10
11	12	13	14	15					時

■**本時のねらい**　　魚の産地について調べ，気づいたことを話し合うとともに，それぞれの生産に興味・関心をもつ。

■**本時のプラン**

◇活動　T：教師の働きかけ　Q：主な問い　●期待する子どもの反応	資　料
Q　魚，そのふるさとはどこだろう。 `空間`	
◇第2時の導入で使用した，産地名の入った宣伝（写真）を提示する。	❶産地名の入った宣伝
T：知っている魚や食べたことのある魚はありますか。	
●かつお　　●まぐろ　　●さんま　など	
T：これらの魚は，どこでとれるのでしょう。	
◇資料を提示して，どこの港でとれるのか調べる。 ●千葉県の銚子で水あげ量が多いよ。 ●静岡県の焼津も多い。	❷主な漁港の水あげ量のようす
T：日本は魚がよくとれるようですね。なぜ，魚がよくとれるのでしょう。	
◇これらの港で，魚がよくとれる理由を予想させる。 ●まわりが海で囲まれているから。 ●とる人がたくさんいるから。 ◇資料を提示して，理由を考えさせる。 ●海流の流れによって，魚がやってくるからだ。 ●海流（暖流と寒流）がぶつかっているから，魚の量も種類も多い。 ●日本のまわりの海には，大陸だなが広がっているから。	❸主な漁港の水あげ量と海流のようす ❹大陸だなのようす
T：とれる量や種類がちがうようだけど，漁港によって何かちがいがあるのだろうか。	
◇資料を提示して，水産業について調べてみたいことを考える。 ●魚をとるための道具　　●魚の釣り方　　●働いている人の数 ●そのほか	※ちがう漁港のようす（写真）
◇**まとめ** ・日本のまわりの海には，海流が流れていて，魚がたくさんとれる。 ・大陸だなもあって，えさとなるプランクトンも多く，よい漁場がある。	

児童が「見方・考え方」を働かせるポイント

空間

本時では，水産業について児童の興味・関心を高める。そのために，日本のまわりは，漁場が多いこととその理由について，児童につかませたい。❷の資料で，水あげ量の多い漁港を提示したあとで，海流が記載されている❸の資料や❹の資料を提示することで，ただ単にまわりが海で囲まれているからといったことのほかの理由も引き出し，さまざまな場所で漁業が行われていることをとらえるようにする。

資料

❶ 産地名の入った宣伝

第2時の導入で扱った資料を使用する。

〔写真撮影協力：サミット株式会社〕

❹ 大陸だなのようす

図を使って，魚がとれる理由を考えさせたい。

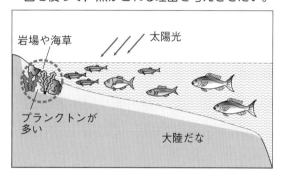

❷ 主な漁港の水あげ量のようす
❸ 主な漁港の水あげ量と海流のようす

水あげ量の多い漁港と，海流との関係について考えさせたい。そのために最初に，海流が記載されていない❷の図を提示する。そのあと，❸の海流が書き込まれた図を提示する。

2 食料生産のさかんな地域で働く人々 配当7時間／15時間

1．米づくりのさかんな地域を訪ねて①

1	2	3	4	5	6	7	8	9	10
11	12	13	14	15					時

■**本時のねらい**　米づくりのさかんな地域はどのような自然条件になっているかを調べ，米づくりについての学習問題をつくる。

■**本時のプラン**

◇活動　T：教師の働きかけ　Q：主な問い　●期待する子どもの反応	資　料
◇米のふるさとのひとつ，庄内平野の写真を提示し，ようすを確認する。 ●田んぼがずっと広がっている。 ●田んぼの形は，きれいな長方形。	※庄内平野のようす（鳥瞰写真）
◇ワークシートを配布し，庄内平野の土地利用について調べる。	◆ワークシート
T：土地利用図に色をぬってみて，何か気づいたことはないかな。	
●西側に水田があり，東側に山が多い。 ●川が東の山から西の山に流れている。　　●畑より水田が多い。	
◇資料を提示し，米づくりに適した自然条件について調べる。	
Q　庄内地方で米づくりがさかんな理由は何だろう。　　　相互関連	
●庄内地方は，気温は同じくらいだけど，夏は少し高い。 ●庄内地方は，夏の日照時間は多いけど，冬は少ない。 ●冬は，雪が降って日が当たらないから，低温になるね。	❶酒田市と宮古市の月別平均気温および月別日照時間
T：自然条件から，庄内地方で米づくりがさかんになった理由を考えよう。	
●写真を見ても，ずっと水田が広がる平野だから。 ●豊かな雪どけ水が上流から流れてくるからだと思う。 ●夏はあたたかくかわいた風がふいて，稲の病気を防ぐ。 ●冬は，雪がふるくらい低温なので，稲に付く悪いばい菌もなくなる。	
◇これまでの学習をもとにして，調べてみたいことから学習問題をつくる。	
学習問題　米づくりのさかんな地域では，よりよい米をつくるために，どのような工夫や努力をしているのだろう。	

児童が「見方・考え方」を働かせるポイント

相互関連

　本時では，グラフの読み取りと米づくりのさかんなわけを自然条件から考えさせる。グラフの丁寧な読み取りとワークシートによる着色作業等を通して，米づくりと自然条件との関係について理解を深める。

資　料

❶ 酒田市と宮古市の月別平均気温および月別日照時間

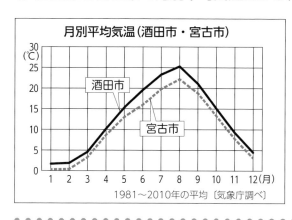

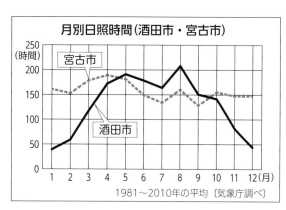

◆ ワークシート

| 庄内平野の土地の利用 | 5年　　組　　番　　名前 |

①田・畑・果樹園に色をぬりましょう。
　田…みどり色
　畑…黄色
　果樹園…赤

②川に，青で色をぬりましょう。

③気がついたことや考えたことを書きましょう。

第4章　授業づくりのアイディアとプラン　83

2．米づくりのさかんな地域を訪ねて②

1	2	3	4	5	6	7	8	9	10
11	12	13	14	15					時

■**本時のねらい**　米を買う消費者の願いと，それにこたえる米づくりの農家の工夫や努力について考えられるようにする。

■**本時のプラン**

◇活動　T：教師の働きかけ　Q：主な問い　●期待する子どもの反応	資　料
Q　どのようなお米が好まれるのかな。　　　　　　　　　　　　**相互関連**	
◇家で聞いてきた「米を買うときに選ぶポイント」を発表させる。	※家庭へのアンケート
T：農家の人たちは，消費者の願いにこたえるため，どのように米を生産しているのだろう。	
●おいしいお米をつくろうとしている。 ●安全な生産をしている。 ●値段が安いほうがいい。	
◇米づくりカレンダーから，農家の人たちが消費者の願いにこたえるために大切にしていることを考える。 ●よい種もみを選ぶことが大切だね。 ●病気にならないようにすることが大切だけど，農薬の量を少なくすることが大切じゃないかな。 ●おいしいお米をつくるには水の管理や中干しも大切だと思うよ。 ◇資料から，そのほかの取り組みについて考える。	❶米づくりカレンダー
T：ほかにも，生産者が工夫していることはあるだろうか。	
●ビニルハウスでじょうぶな苗を育てている。 ●牛やぶたのたい肥を使い，有機栽培にこだわっている。 ●農薬のかわりに，カモを放して，できるだけ薬をまかないように工夫している。 ◇消費者の願いにこたえるため，どのように米を生産しているのか話し合い，話し合ったことをまとめる。	❷たい肥やカルガモ農法などの有機栽培にこだわった農業
◇まとめ ・米づくりの仕事は，一年を通じて行われ，おいしいお米をつくるために土づくり，苗づくりなど工夫している。 ・安心・安全の願いをもとに，農薬を減らすための取り組みが行われている。	

児童が「見方・考え方」を働かせるポイント　　　相互関連

本時では，消費者の願いにこたえるための稲作農家の工夫について学習を進める。よりよい米をつくるために生産者である農家が努力していることを，消費者の願いと結びつけてとらえさせる。導入部分を工夫し，児童の興味・関心を高めて学習を進めていきたい。

 ## 資料

❶ 米づくりカレンダー

資料集にある米づくりカレンダーを利用する。

| 苗を育てる 4月中ごろから | 田植え 5月初めごろから | 農薬をまく 7月ごろから | 生育調査 7月ごろから |

3月 / 4月 / 5月 / 6月 / 7月 / 8月 / 9月 / 10月 / 11月 / 12月 / 1月 / 2月

種もみ選び・種まき　　　田植えをする　　　　　　　　稲かりをする　　土づくりをする

　　苗を育てる　　　　　田に入れる水の量を調整する　　脱こく・かんそう・もみずりをする

田んぼを耕す（田おこし・しろかき）　みぞ切りや中干しをする

　　　　　　　　　　　　稲のようすを見ながら肥料や農薬をまく

❷ たい肥やカルガモ農法などの有機栽培にこだわった農業

たい肥を使った土づくり

化学肥料のかわりに，家畜のふんやわらを積み重ねて発酵させた「たい肥」を使って，環境を考えた米づくりに取り組む農家が増えている。

〔写真提供：JA全農山形〕

生き物を利用した米づくり（アイガモ農法）

昔から行われている生き物を利用した農法。アイガモたちが泳ぐことで，水や土がかき混ぜられ，土の中に酸素を取り入れられる働きもある。

第4章　授業づくりのアイディアとプラン　85

3．米づくりのさかんな地域を訪ねて③

1	2	3	4	5	6	7	**8**	9	10
11	12	13	14	15					時

■**本時のねらい**　作付面積あたりの米の生産量が向上した理由を調べ，よりよい米をつくるための生産者の工夫や努力を考えるようにする。

■**本時のプラン**

◇活動　T：教師の働きかけ　Q：主な問い　●期待する子どもの反応	資　料
◇資料を提示し，作付面積と米の生産量の変化についての読み取りを行う。 ●作付面積は減っている。 ●米の生産量は増えている。 ●作付面積は減っているのに，生産量が増えているのはなぜだろう。	❶稲の作付面積と10aあたりの生産量の変化
<div style="background:gray">Q　昔と今では，どのように米づくりが変わったのだろう。</div> 〔時間〕	
◇資料をもとに，「耕地整理」「米づくりの作業の変化」「品種改良」から一つを選択させ，それぞれ資料をもとに調べさせる。 ◇調べたことをもとにして話し合いを行い，米の生産量が増加している理由について考える。	
┌ T：昔に比べて，米の生産量が増加した理由は何だろう。 ┐	
●機械化によって，作業時間が短くなっているからじゃないかな。 ●耕地整理をしたことで，機械も使いやすくなったようだよ。 ●機械化によって，米の生産にかかる費用も増加しているけど，共同で機械を購入するなど，工夫もしている。 ●時間をかけて，新しい品種にしてきたことも米の生産量が増加したことにつながっていると思う。 ●生産を高めるだけじゃなくて，品種改良を重ねることによって，味をよくしているよ。 ●農家の人だけじゃなくて，農業試験場の人もよいお米をたくさんつくるために努力しているようだ。 ◇これまで学習してきたことをもとにして，学習問題の結論を導き出す。	❷耕地整理，米づくりの費用の変化，品種改良等の資料
┌─────────────────────────────┐ ◇まとめ ・米づくりのさかんな地域では，消費者の願いにこたえられるよう，安心・安全な米づくりをしている。 ・また，耕地整理や品種改良，作業の機械化を行うなど，生産を高めるための工夫をしている。 └─────────────────────────────┘	

児童が「見方・考え方」を働かせるポイント　　　　　　　　　　　時間

　本時では，導入部分で昔と今の米づくりのちがいを読み取る。読み取ったことから，米の生産に携わる人々のこれまでの取り組みを調べ，調べたことをもとに話し合いを行う。そのために，資料をいくつか用意しておき，児童が選択した内容のものを主体的に調べる活動を取り入れ，昔と今の米づくりの比較を通して，生産者の努力や工夫をとらえさせる。

 # 資　料

❶ 稲の作付面積と10aあたりの生産量の変化

　作付面積は減少しているのに，米の生産量は増えていることに着目させ，よりよい米をつくるための取り組みに結びつけたい。

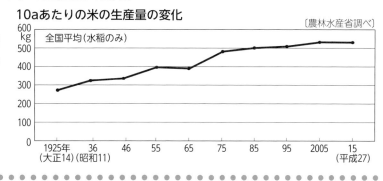

❷ 耕地整理，米づくりの費用の変化，品種改良等の資料

　米の生産量を高めたり，安全でおいしい米をつくったりするための取り組みを提示する。グループで調べる担当を決めて，調べたあと，互いに発表し合うとよい。

耕地整理のようす（山形県庄内町）

出典：国土地理院ウェブサイト http://mapps.gsi.go.jp/maplibSearch.do?specificationId=1702922（左の写真）
　　　http://mapps.gsi.go.jp/maplibSearch.do?specificationId=17039（右の写真）

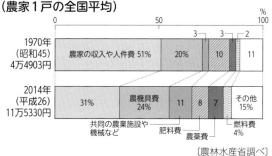

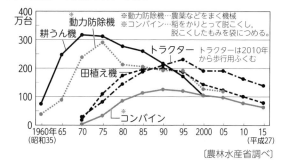

4．水産業のさかんな地域を訪ねて①

1	2	3	4	5	6	7	8	**9**	10
11	12	13	14	15					時

■**本時のねらい**　日本の主な漁業と漁獲量の移り変わりから，漁を行う場所のちがいや沖合漁業をはじめとする「とる漁業」について理解を深める。

■**本時のプラン**

◇活動　Ｔ：教師の働きかけ　Ｑ：主な問い　●期待する子どもの反応	資　料
◇資料を提示して，漁業のちがいに気づかせる。	❶魚の値札ラベル
Ｔ：同じ魚だけど，「天然」と「養殖」のちがいは何だろう。	
●天然は，海（自然）にいた魚をとってきたもの。 ●養殖は，人が育てたものじゃないかな。 ●漁業には，「とる漁業」と「育ててとる漁業」があるのでは。	
Ｑ　「とる漁業」と「育ててとる漁業」のちがいは何だろう。　　　　相互関連	
◇資料を提示して，現在どのような魚のとり方があるのか調べる。 ●沖合漁業というのがあるよ。 ●遠洋漁業は，遠洋だから遠い海に行って魚をとるとり方じゃないかな。 ●養殖漁業があった。魚を育ててとるんじゃないかな。 ●養殖漁業だけが漁獲量が横ばいであまり減ってないよ。 ●なぜ，沖合漁業や遠洋漁業の漁獲量が減ってきているんだろう。	❷漁業別漁獲量の移り変わり
◇資料を提示して，「とる漁業」（沿岸漁業・沖合漁業・遠洋漁業）について調べる。 ●沿岸漁業も沖合漁業も日本の海のまわりで魚をとる漁法だね。 ●遠洋漁業は日本から遠く離れた海で魚をとる漁法だね。 ●日本の沿岸や沖合では，昔に比べて魚の数が減ってきているようだね。今までとりすぎたからかな。 ● 200海里水域が設けられたから，遠洋漁業の漁獲量が減ってしまったんだね。	❸漁業の種類
◇次時では，養殖業について学習を進めることを伝える。	
◇まとめ ・漁業には，沖合漁業や沿岸漁業，遠洋漁業，養殖漁業などがある。 ・沿岸漁業や沖合漁業は日本のまわりの海で魚をとり，遠洋漁業は日本から遠く離れた海で魚をとる漁業。 ・近年では，沖合漁業も遠洋漁業も漁獲量が減ってきている。	

児童が「見方・考え方」を働かせるポイント　　相互関連

本時では、漁業の種類とそれに関わる漁獲量の移り変わりについて学習する。また、日本の主な漁業が沿岸漁業・沖合漁業・遠洋漁業などの「とる漁業」と養殖漁業のような「育ててとる漁業」とがあることを調べ、漁獲量の移り変わりと漁業の仕方について関連付けてとらえさせたい。

資　料

❶ 魚の値札ラベル

魚の値札ラベルには、「天然」や「養殖」の記載がある。それを活用し、とり方のちがいに結びつける。

〔写真撮影協力：サミット株式会社〕

❷ 漁業別漁獲量の移り変わり

漁業の種類について理解させたり、日本の漁獲量が減ってきていることをとらえさせたりするために活用する。

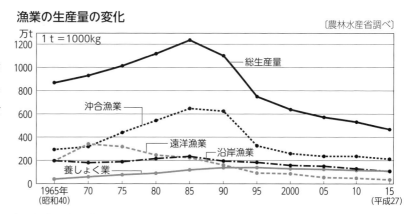

❸ 漁業の種類

図や写真を活用し、主な漁場・漁船の大きさ・主な漁獲物について具体的にとらえさせたい。

なお、合わせて、魚のとりすぎの影響やいそやけなどで漁場の環境が悪化していること、200海里についても資料があるとよい。

日帰りできる近くの海で漁を行う。家族でやっている人が多い。
船の大きさ　5〜10トン
漁獲物　ほとんど全ての魚、貝、海藻

日本近海の2〜3日で帰ることができるところで、漁を行う。
船の大きさ　20〜150トン
漁獲物　アジ、サバ、イワシなど

〔全国漁業協同組合連合会ホームページ参照〕

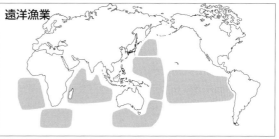

南太平洋、インド洋などで、長期間、漁を行う。
船の大きさ　200〜500トン　　漁獲物　マグロ、カツオなど

5. 水産業のさかんな地域を訪ねて②

1	2	3	4	5	6	7	8	9	10
11	12	13	14	15					時

■**本時のねらい**　養殖業がさかんな地域やさかんな理由を考えるとともに，養殖業に携わる人々の仕事のようすや工夫がわかるようにする。

■**本時のプラン**

◇活動　T：教師の働きかけ　Q：主な問い　●期待する子どもの反応	資　料
◇写真を提示し，とる漁業と育ててとる漁業（養殖業）のちがいを見つける。	❶養殖業のいけす
●湾の中に，囲いがあるね。囲いの中には，たくさんの魚がいるよ。	
●海で釣ってきた魚なのかな。それとも育てた魚なのかな。	
◇養殖業が行われている理由について考えさせる。	
T：養殖業で，魚（魚介類）などをわざわざ育てているのはなぜだろう。	
◇資料を提示して，養殖業が行われている理由について考える。	❷養殖と天然の生産量の割合
●ほぼ養殖に頼っている魚介類があるよ。	
●養殖がないと，わたしたちが食べる魚が減ってしまうのかな。	
Q　○○で養殖業を行う理由は何だろう。　　　　相互関連	
◇資料を提示して，養殖業について調べる。	❸養殖業の○○さんの話
●湾や入江を利用していて，自然環境に合わせて魚を育てている。	
●品質の高い魚に育てるために，さまざまな工夫をしている。	
◇とる漁業の魚と養殖業の魚とのちがいを考えさせる。	
●育てている分，エサ代がかかるね。	
●育てているから，わざわざ海に漁に出なくても大丈夫だよ。	
●海に出ても魚がたくさんとれるとは限らないだろうから，育ててとれば確実だね。	
●確実にとれれば，漁師さんの収入も安定するし，わたしたちも魚が食べられるから，生産者も消費者にとってもいい。	
●養殖業がさかんになれば，漁獲量も増えるのではないか。	
T：養殖業で，困ったことや心配なことはないのだろうか。	
◇資料を提示して，養殖業の問題点について調べる。	❹赤潮の被害
●大変なこともある。　　●エサ代が高くなっていることも問題だ。	
T：日本の漁獲量を増やすために，ほかに行われている取り組みはないのかな。	
◇まとめ ・養殖業は，育てた分，確実に収入を得られる。漁獲量も高くなる。 ・育てる分，手間がかかる。エサ代の値段の上昇や赤潮の問題等，課題もある。	

児童が「見方・考え方」を働かせるポイント　　相互関連

本時では，養殖業についての理解を深めることである。養殖業のメリットについて，沖合漁業や遠洋漁業などとの比較からとらえさせる。また，場所によって，漁業のやり方が違うわけやメリット，デメリットについて，自然環境や人々の生活と関連づけて考えさせる。

資料

❶ 養殖業のいけす

港の湾や入江の中に，いけすなどの囲いがあることに注目させ，その中で，魚が育てられていることをとらえさせたい。

〔写真提供：和歌山県串本町〕

❷ 養殖と天然の生産量の割合

食卓にあがる魚介類には，養殖に頼っているものもあることをとらえさせる。

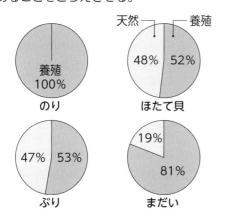

❸ 養殖業の〇〇さんの話

生産者の工夫や努力がわかるように，具体的な仕事の内容を提示したい。

【例】養殖業は，人が魚などを飼育することから，安定した生産をすることが可能になります。稚魚のころからどのようなえさを食べ，どのような環境で育ったかをすべて記録するなど，消費者に安心して買ってもらえるような取り組みをしています。

❹ 赤潮の被害

新聞記事やインターネットの記事を活用する。養殖業が，赤潮の被害で壊滅状態に陥ったようすやエサ代の高騰に関係する記事を提示し，養殖業の問題点について理解を深めさせる。

「養殖ブリ10万匹死ぬ　鹿児島・長島，赤潮南下」

　八代海で発生した赤潮が南下し，鹿児島県長島町で養殖ブリ約10万匹が死ぬ被害が出ている。地元の基幹産業の打撃に，東町漁協などは対応に追われている。三反園訓知事は13日，現地を視察し，支援を表明した。

　長島町役場から車で5分ほどの距離にある宮之浦港。13日，いけすの水面には多くのブリの死骸が浮かび，地元の漁師たちが引き上げ作業に追われていた。死んだ魚は漁港そばに掘られた土の中へ埋められるが，周囲には悪臭が立ちこめていた。

〔朝日新聞デジタル　2016年9月14日〕

6. 水産業のさかんな地域を訪ねて③

1	2	3	4	5	6	7	8	9	10
11	12	13	14	15					時

■**本時のねらい**　栽培漁業や水産物の資源管理の取り組みを通じて，水産資源の減少を解決するために生産者が行っている工夫や努力がわかるようにする。

■**本時のプラン**

◇活動　T：教師の働きかけ　Q：主な問い　●期待する子どもの反応	資　料
◇資料を提示し，栽培漁業の取り組みについて調べる。 ●魚をたまごから育てて，ある程度大きくなってから川や海に放流している。 ●これなら，自然の中で生まれたたまごが大きく育つよりも，よりたくさんの魚が大きく育つね。 ●栽培漁業も，養殖業のように「育ててとる漁業」だね。 ◇これまで学習したことから，水産物の資源管理について考える。	❶栽培漁業のようす
Q　魚をとりながら，増やすための取り組みって何だろう。　　**相互関連**	
◇資料を提示して，水産物をとりながら，守るための考え方について調べる。 ●魚をたくさんとってしまうから，どんどん減ってしまうのでは。 ●とりすぎないということも必要だ。 ●でもどうやってとりすぎないようにするのかな。 ◇資料を提示し，具体的な取り組みについて調べる。 ●とる期間を決めればいいんだ。 ●小さな魚は逃がすようにしているんだ。 ●とる魚の大きさを決めている。 ●とり方を工夫しているんだね。 ◇水産業の学習についてまとめを行う。	❷水産資源をとりながら，守るための考え方 ❸漁業関係の人の話

◇**まとめ**
- 栽培漁業は，魚をたまごから育てて川や海に放流し，成長した魚をとる漁法。養殖業と同じように「育ててとる」漁法。自然よりもたくさんの魚が育つ。
- 魚を資源として考え，とりすぎてなくならないようにする取り組みが全国で行われている。

児童が「見方・考え方」を働かせるポイント

相互関連

本時では，養殖業と同じように栽培漁業も水産業を支えていることについて学習するとともに，水産物を資源として考え，それらを守る人々の取り組みの意味について理解を深めさせたい。そのために，図や写真，携わる人々の具体的な活動を提示したい。また，栽培漁業については，各地域による事例があるため，学習する児童の実態に合わせて，選択してもよい。

資　料

❶ 栽培漁業のようす

ここでは，北海道のさけの栽培漁業のようすについて提示した。栽培漁業を行ったことで漁獲量に変化があったことが提示できると，より効果的である。

北海道で放流したさけの数と
帰ってきたさけの数

放流した年	1970年	1990年	2010年
放流した数(尾)	5.76億	10.54億	10.64億
帰ってきた年	1974年	1994年	2014年
帰ってきた数(尾)	962万	5119万	3508万

〔水産研究・教育機構北海道区水産研究所調べ〕

さけの栽培漁業

たまごをとり出す。
たまごをふ化させる。
いけすで育てる。
5〜6cmに育った稚魚を川に放流する。
およそ4年で，放流したもとの川にもどる。

〔写真提供：水産研究・教育機構北海道区水産研究所〕

❷ 水産資源をとりながら，守るための考え方

わかりやすい図や絵を提示して，水産物も貴重な資源であることについて理解を深めたい。

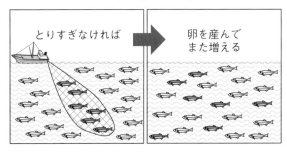

とりすぎなければ → 卵を産んでまた増える

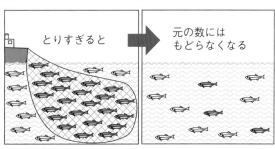

とりすぎると → 元の数にはもどらなくなる

❸ 漁業関係の人の話

水産業に携わる漁師や都道府県の職員の話を取り扱いたい。特に，地域や漁業関係者全体で協力する必要があることを理解させたい。

【例】魚を資源として考え，みんなで魚を増やす工夫や努力をしています。例えば，漁を休む期間を設けたり，網の目を大きくして子どもの魚をとらないようにしたりするなど，決まりをつくって取り組んでいます。

7. 食材のふるさとと店をつなぐ運輸の働き

1	2	3	4	5	6	7	8	9	10
11	**12**	13	14	15					時

■**本時のねらい**　生産された食品が，消費者のもとへどのように運ばれるのか，地図と写真，時間を対比させながら調べ，輸送の工夫がわかるようにする。

■**本時のプラン**

◇活動　T：教師の働きかけ　Q：主な問い　●期待する子どもの反応	資　料
◇資料を提示し，生鮮食品の産地を確認する。	❶お店のチラシ
●このかつおは〇〇産だ。　　●この野菜は〇〇産だ。	
T：これらの食品は，とれてどれくらいで売り場にならぶのだろう。	
●「新鮮」って大きく見出しがついているよ。	
●野菜には「朝どれ」なんて書いてある。朝とれたのかな。	
●魚なんかは，とってすぐ運ばないと，鮮度が落ちちゃうね。	
Q　鮮度を保って，どうやって店まで運ぶのだろう。　　**相互関連**	
◇ワークシートを配り，宮崎県で収穫されたピーマンが消費地に届くまでにどれくらいの時間がかかるのか，教科書や資料集などで調べる。	◆ワークシート ※資料集
T：ピーマンが消費地に届くまでの時間を調べよう。	
●朝，ピーマンを収穫するよ。	
●保冷車で，東京などの遠い消費地まで運ばれるよ。	
● JRのコンテナでは約30時間40分，トラック（保冷車）では約20時間で消費地の市場に届くよ。	
●次の日の朝市場に届いた野菜は，その日のうちにお店に並ぶんだね。	
●交通網が発達しているから，遠くの消費地にも運べるよ。	
T：ほかにも，鮮度を保って店に運ぶまでの工夫はないだろうか。	
◇資料を提示し，新鮮に野菜を運ぶための工夫を調べる。	❷ピーマンの収穫量の多い都道府県と東京都の入荷先
●東京都のピーマンの入荷先は，茨城県がいちばん多いよ。	
●ピーマンの生産量は，宮崎県のほうが多いのにどうしてかな。	
●新鮮に運ぶには，近いところから運んだほうがいいんじゃないかな。	
●ほかにも保冷車の温度を調節して，なるべく傷まないように運んでいるようだよ。	
◇まとめ ・魚や野菜などの輸送には，保冷車などで鮮度を保ち，高速道路などを使ってなるべく早く消費地に届くようにしている。 ・産地と消費地の距離によって出荷量が変わることもある。	

児童が「見方・考え方」を働かせるポイント　　　相互関連

　本時では，「運輸の働き」を通して，消費者の願いに応えるために生産者がどのような努力をしているのかをとらえさせる。大消費地に合わせた生産について，生産量と出荷先を関連して調べさせるなどして活動させたい。

 資　料

❶ お店のチラシ

　スーパーマーケット等の店のチラシを活用し，見出しなどから鮮度にこだわっているようすをとらえさせたい。

〔提供：サミット株式会社〕

❷ ピーマンの収穫量の多い都道府県と東京都の入荷先

　ここでは，東京都のピーマンの入荷先を円グラフで提示した。学校の実態に応じて，それぞれの地域での入荷先を提示してもよい。

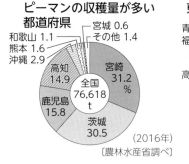

ピーマンの収穫量が多い都道府県
- 宮崎 31.2%
- 茨城 30.5
- 鹿児島 15.8
- 高知 14.9
- 沖縄 2.9
- 熊本 1.6
- 和歌山 1.1
- 宮城 0.6
- その他 1.4
- 全国 76,618t

（2016年）〔農林水産省調べ〕

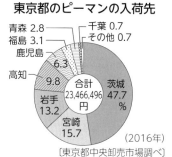

東京都のピーマンの入荷先
- 茨城 47.7%
- 岩手 13.2
- 宮崎 15.7
- 高知 9.8
- 鹿児島 6.3
- 福島 3.1
- 青森 2.8
- 千葉 0.7
- その他 0.7
- 合計 23,466,496円

（2016年）〔東京都中央卸売市場調べ〕

◆ ワークシート例

新鮮なピーマンを消費地に　　　5年　　組　　番　名前

①宮崎県に，赤で色をぬりましょう。

②ピーマンが消費地に届くまでを，時刻で書きましょう。
- ・収穫　　　　　（　　：　　）
- ・包装・箱づめ　（　　：　　）
- ・市場を輸送　　（　　：　　）
- ・市場に到着　　（　　：　　）
- ・店の人が買う　（　　：　　）
- ・店へ運ぶ　　　（　　：　　）
- ・店にならぶ　　（　　：　　）

③新鮮なピーマンを運ぶための工夫を調べて，書きましょう。

3 食料生産をめぐる課題とこれからの食料生産　配当3時間／15時間

1．食生活をめぐる問題

1	2	3	4	5	6	7	8	9	10
11	12	**13**	14	15					時

■**本時のねらい**　消費者側の立場で，日本における自分たちの食生活の課題を考える。

■**本時のプラン**

◇活動　T：教師の働きかけ　Q：主な問い　●期待する子どもの反応	資　料
◇スーパーマーケットなどの魚売り場の写真を提示し,各食品の産地を確認する。 ●貝類はカナダやロシア産だね。　　　●真鯛は愛媛産だよ。 ●日本国内が産地のものもあれば，外国産のものもあるね。	❶店に並ぶ外国産の食料品
T：今まで，食べ物のふるさとを学習してきたけれど，わたしたちが消費している食品の 　　中で，日本国内と外国でつくられたものの割合はどれくらいなのだろうか。	
◇資料を提示し，国内産と外国産の割合を確認する。 ●魚介類の国内産も肉類の国内産もおよそ半分。 ●米や野菜などは日本国内でまかなわれている割合が多いけど。 ●小麦や大豆など，国内ではほとんどまかなわれていないものがある。	❷日本の主な食料の自給率の変化
T：みんなの食生活を支えるために，日本でつくられている食料品だけではなくて， 　　外国産を輸入しているみたいだね。どれくらい外国産に支えられているのかな。	
◇日本の自給率の変化が読み取れるグラフを提示する。 ●昔とくらべて，魚介類や肉類，野菜などの自給率が下がってきているよ。 ●米の自給率だって下がっているね。	❸日本の主な食料の自給率の変化
Q　食料を国内だけでまかなっていけないことに，心配なことや 　　困ったことはあるのだろうか。	選択・判断
◇問いについて予想させたあと，輸入に頼ることについての課題を考える。 ●残留農薬など，外国からの輸入品には問題があるみたいだね。 ●牛肉なども問題になったことがあったようだよ。 ●ほとんどの人が，輸入食品に対して不安を感じているようだ。 ●外国で食料がもしとれなかったら，日本は困ってしまうよ。 ●外国との関係が悪くなったら，食料を売ってくれなくなるかもしれないよ。	❹輸入品の食の安全についての新聞記事 ❺干ばつのようす ❻インドネシアのエビの養殖池のようす
◇まとめ ・米以外の食料品は,外国からの輸入に頼っている。でも,輸入食品には,食の安全など心配な点も多い。 ・外国との関係で，輸入が止まってしまうと困る。	

児童が「見方・考え方」を働かせるポイント

選択・判断

本時では，食料輸入の課題について学習する。日本の食料生産の大きな課題として，食料輸入に依存している点が挙げられる。食生活の変化と食料自給率の変化を関連付けて，食料生産の課題についてとらえさせる。

資　料

❶ 店に並ぶ外国産の食料品

魚売り場の刺身コーナーなどでは，その日の魚介類の産地等を知らせる掲示をしている店も多い。国内産だけではまかなえない実情をつかませたい。

〔写真撮影協力：サミット株式会社〕

❷❸ 日本の主な食料自給率の変化

米，魚介類，野菜，肉，くだもの，小麦，大豆などの食料品の自給率から，❶の資料と同様に，国内産だけではまかなえない実情をつかませたい。

日本の主な食料自給率の変化

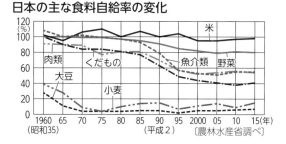

❹ 輸入品の食の安全についての新聞記事

新聞記事をもとに，人々が食料輸入について，どんなことを不安に感じているのか考えさせる。

新聞記事については，公立の図書館等で探すことが可能である。いくつかの関係する記事を用意したい。

〔読売新聞2008年11月16日〕

内閣府等が調査した輸入食品に対する国民の意識の移り変わりの新聞記事

❺ 干ばつのようす

世界的にも地球温暖化をはじめとする異常気象が度々ニュースになっている。そこで，外国の生産地での干ばつのようすを写真で提示し，「もし外国で食料がとれなくなったら」という視点をもたせたい。

❻ インドネシアのエビの養殖池のようす

インドネシアでは，日本へのエビの輸出がさかんである。しかしながら，養殖池をつくるために，マングローブを切り倒すなどの環境破壊が問題になるなどしている。外国との関係を考えさせるという視点で活用したい。

第4章　授業づくりのアイディアとプラン　97

2．食料生産をめぐる問題

1	2	3	4	5	6	7	8	9	10	
11	12	13	**14**	15						時

■**本時のねらい**　　生産者側の立場で，日本における食料生産の課題を考え，これからの食料生産についての学習問題を立てる。

■**本時のプラン**

◇活動　Ｔ：教師の働きかけ　Ｑ：主な問い　●期待する子どもの反応	資　料
◇前時をふり返り，輸入が多い理由について予想する。 ●日本の食料生産が昔よりも減っているんじゃないかな。 ●外国産のほうが安いね。安いほうが，買う人にとってはうれしいよね。 ◇予想を確かめるための資料を提示する。	❶産業別人口割合の変化，土地利用の変化
Ｔ：日本の生産者の数や土地利用はどうなっているのだろう。	
●農業や漁業など（第一次産業）で働く人の割合が減っているよ。 ●田や畑などの耕地面積も減っている。 ●昔よりも，食料の量は多くつくれないんじゃないかな。	
Ｔ：外国では，どのように食料を生産しているのだろう。	
●広い農場だね。少ない人手で大量につくると，手間がかからず安くなるんだね。 ●これじゃあ，安い外国産にかなわないかもしれないなあ。 ●夏に売られているニュージーランド産のりんごのように，野菜でも，同じようなことが起きているね。 ◇日本の食料生産の課題を整理する。	❷アメリカの灌漑農業の写真，主な国の耕地面積，国産と輸入農産物の値段
日本の食料生産の課題（例） ●生産者の数や田畑の土地利用が減っていて，国内の食料の生産量も減っている。 ●足りない分は，輸入に頼っているが，輸入食品には，食の安全などの問題点がある。 ●国内の生産だけでまかなえないと，外国から輸入できなくなったときに不安。 ●自給率が年々下がっていることが心配。このままで大丈夫なのか。	
Ｑ　日本の食料生産はさまざまな問題をかかえている。どうすればよいのだろう。 選択・判断	
●何か，新しい取り組みをしているのではないか。 ●このままではだめ。食料をたくさんつくるような取り組みをしないといけない。 ●外国とのよい関係を築くために，外国に頼りきっていていいのかな。	
学習問題　食料生産の問題を解決できるように，生産者の人たちはどのような取り組みをしているのだろう。	

98

児童が「見方・考え方」を働かせるポイント

選択・判断

本時では，生産者側の立場で，日本における食料生産の課題を考える。資料をもとに，第一次産業に従事する人々や耕地面積の減少と日本の生産だけではまかなえないという我が国の食料事情をとらえさせ，これからの食料生産の目指すべき方向性について考えさせる。

資　料

❶ 産業別人口割合の変化，土地利用の変化

生産者側の立場をとらえさせる資料として活用する。農業・林業・水産業で働く人の割合，全国の田や畑の面積もともに減少していることから，生産側に立った現状を考えさせたい。

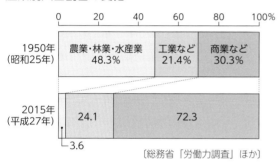

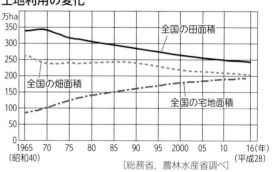

❷ アメリカの灌漑農業の写真，主な国の耕地面積，国産と輸入農産物の値段

アメリカの大規模灌漑農業（センターピボット）の写真など外国の大規模な農業のようすを写真で児童に見せたい。また，耕地面積等の図や値段のグラフなどを提示し，外国産を輸入することのメリットもとらえさせたい。

アメリカの灌漑農業の写真

〔写真：小谷田整／アフロ〕

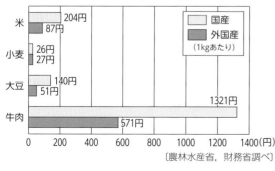

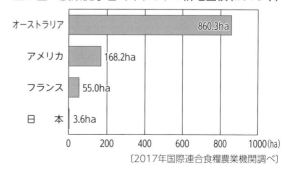

3．これからの食料生産とわたしたち

1	2	3	4	5	6	7	8	9	10
11	12	13	14	**15**					時

■本時のねらい　食料生産の課題解決のための新しい取り組みがどんな問題の解決につながるのかを考え，これからの食料生産のあり方について話し合い，考えをまとめる。

■本時のプラン

◇活動　T：教師の働きかけ　Q：主な問い　●期待する子どもの反応	資　料
◇食料生産の新しい取り組みについての資料を提示する。 ●野菜を工場でつくっているよ。 ●食のブランド化って何だろう？　調べてみたいな。 ●スーパーマーケットの野菜売り場だね。ほかの野菜売り場とちがって，つくっている人の写真が貼ってあるよね。地産地消って書いてある。	
Q　新しい取り組みは，食料生産のどんな問題の解決につながるのだろう。　 選択・判断	
◇「野菜工場」「食のブランド化」「地産地消の取り組み」から一つを選択させ，それぞれ資料をもとに調べさせる。 ◇調べたことをもとに，どんな問題の解決につながるか，考えさせる。 ●野菜工場は，働く人の手間がかからないから，少ない人数で効率よく野菜がつくれるみたいだ。 ●野菜工場は天候に左右されずに野菜がつくれるよ。 ●関サバや関アジは有名みたいだね。ブランド品みたいに高い価値をつければ人気が出そうだよ。 ●地産地消の取り組みは，地元でとれた野菜を地元で消費することなんだね。つくった人もわかるから安心安全な点が魅力だし，輸送コストもかからないからいいね。	※野菜工場の写真 ※食のブランド化 ※地産地消の取り組み
T：ほかにも何か，新しい取り組みがあるのではないだろうか。	
Q　これからの食料生産について，自分の考えをまとめ，意見交換をしよう。	
まとめ例 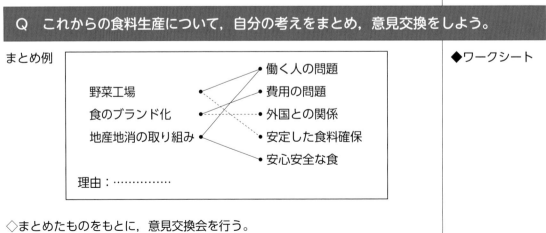	◆ワークシート
◇まとめたものをもとに，意見交換会を行う。	

児童が「見方・考え方」を働かせるポイント　　　　　　選択・判断

　本時では，これからの食料生産のあり方について，調べてわかったことを根拠にして，意見を交換し合う活動を通して，よりよい食料生産のあり方を構想させたい。そのために，新しい活動についての資料をいくつか用意しておき，児童が選択した内容のものを主体的に調べる活動を取り入れたい。

◆ ワークシート例

「食料生産をめぐる課題とこれからの食料生産」

5年　　組　　番　名前　　　　　　　　　

◇食料生産の課題解決につながる取り組みを調べ，これからの食料生産について考えよう。

調べたこと

⇩

　　　　　　　　　　　　　　　　　　　　　　　　　という課題解決に
つながる取り組み
〈理由〉

（大熊弘明　深谷市立岡部西小学校）

5年 これからの工業生産

～これからの工業生産（選択・判断）～
大単元「工業生産とわたしたちのくらし」の中の小単元

1 単元のねらいと育てたい資質・能力

我が国の主要な工業製品や生産の仕方の特徴を調べる活動を通して、工業生産に取り組む人々の工夫や努力、およびこれからの工業生産のよりよいあり方について考えられるようにする。

知識・技能	我が国の工業生産を発展していくために、工業生産に関わる人々がさまざまな取り組みを行い、自分たちの生活を支えていることを理解する。
思考力・判断力・表現力	我が国の工業生産の変化と現状から、これからの工業生産の発展について考えたことを適切に表現する。
主体的に学習に取り組む態度	工業生産の現状と課題から、これからの工業生産のよりよいあり方を調べたり考えたりする。

2 新しい社会科への授業アイディア

New Plan

- 主要な工業生産の移り変わりから、現状と課題を関連付けたこれからの工業生産

これまでのプラン
- 空想的なこれからの工業製品
- 日本の主要な工業生産
- 貿易と工業生産の関連付け

深い学びへと導く思考の過程

●社会的事象の見方・考え方を働かせて、工業生産の特色を理解する。

①みんなが買いたい工業製品
　Q　どんなものが多く輸出されているのかな。
　→ A　機械や自動車などが多く輸出されているんだな。

②日本の主な工業生産
　Q　いつごろから、機械や自動車の生産がさかんになってきたのだろう。
　→ A　昔は、せんいがさかんだったけど、今は機械や自動車の生産がさかん。

③日本の工業生産の特色と貿易をめぐる問題
　Q　材料や燃料はどこから？
　→ A　外国との関係も考えて輸出入している。

●社会的事象の見方・考え方を働かせて、これからの工業生産のあり方を考える。

④日本の工業の安心度
　Q　日本の工業の安心度は？　これからも、日本の工業は発展していくのだろうか。
　→ A　せんいと同じように、日本の機械や自動車も外国製にとって代わられるのだろうか。何か取り組みがなされているのではないか。

⑤これからの工業生産とは
　Q　これからも日本の工業が発展していくための取り組みとは。
　→ A　調べたことをもとにして意見交換を行い、これからの工業生産のよりよいあり方について話し合う。

⑥日本の工業発展のための討論会を行おう
　Q　これからも日本の工業が発展するために必要なこととは。

3　本単元の授業プラン（時数20時間）

1 **2**の授業を行ってから，本書に掲載している授業プランを実施。

配当	自動車工業のさかんな地域（10時間）	日本の工業のさかんな地域（4時間）
14時間	**1**　自動車工業のさかんな地域 1．くらしの中の自動車（1時間） 2．自動車工場の見学（3時間） 3．自動車工場のようす（1時間） 4．自動車工場と関連工場（1時間） 5．世界に広がる日本の自動車（1時間） 6．これからの自動車工業（2時間） 7．ふりかえり（1時間）	**2**　日本の工業のさかんな地域 1．工場が集まる工業地帯（1時間） 2．日本の工業のさかんな地域（1時間） 3．大工場と中小工場（1時間） 4．日本の工業を支える高い技術（1時間）

5年

配当	内容（Q：主な問い　　　　：主な資料）	見方・考え方　選択・判断
3時間	**3**　これまでの日本の工業生産 1．みんなが買いたい工業製品って？ 　家電売り場のようす 　家電製品のパンフレット 　買い物をしている外国人観光客 　Q　どんなものが多く輸出されているのかな。 2．日本の主な工業生産 　製造品出荷額の割合の移り変わり 　年代別の製造品出荷額の移り変わり 　Q　いつごろから，機械や自動車の生産がさかんになってきたのだろう。 3．日本の工業生産の特色と貿易をめぐる問題 　主要貿易相手国（地域） 　貿易相手国（地域）と輸出入の割合 　地図帳の統計資料 　Q　材料や燃料はどこから？	1. 相互関連 外国からも評価の高い日本の工業製品のようすをつかむ。 2. 時間 日本の工業製品の出荷額の割合の移り変わりや，自動車の工業などの既習事項から，日本の主要な工業生産を理解する。 3. 相互関連 主要な貿易相手国（地域）との輸出入の関係から，日本の工業生産の特色について理解する。
3時間	**4**　これからの日本の工業 1．日本の工業の安心度 　家電売り場のようす 　主な工業製品の生産台数の割合 　Q　日本の工業の安心度は？　これからも日本の工業は発展していくのだろうか。 2．これからの工業生産とは 　新しい技術の開発　など 　Q　これからも日本の工業が発展するための取り組みとは。 3．日本の工業発展のための討論会を行おう 　中小工場のオンリーワンの技術 　人や環境に配慮した製品の開発　など 　Q　これからも，日本の工業が発展するために必要なこととは。	1. 選択・判断 身のまわりにある外国製の製品などから台頭する外国の工業を調べ，日本のこれからの工業生産について追究意識をもつ。 2.3. 選択・判断 これからの日本の工業生産が発展していくために重要であると考えられる取り組みにはどんなものがあるか調べる。 調べたことをもとにして，討論会を行い，これからの日本の工業のあり方について考えたことを話し合う。

第4章　授業づくりのアイディアとプラン　103

3 これまでの日本の工業生産 配当3時間／20時間

1. みんなが買いたい工業製品って？

1	2	3	4	5	6	7	8	9	10
11	12	13	14	**15**	16	17	18	19	20	時

■本時のねらい　身のまわりにある工業製品を調べ，日本の工業の特色について問題意識をもつ。

■本時のプラン

◇活動　T：教師の働きかけ　Q：主な問い　●期待する子どもの反応	資　料
◇資料を提示して，どんな視点で工業製品を購入するのか，意見を発表させる。 ●値段　　●質　　●デザイン　　●性能　　●日本の国産メーカー ◇資料を提示して，外国人観光客にも人気の家電製品のようすを調べる。	❶家電売り場のようす，家電製品のパンフレット
T：この人たちは，どこに何をしにきたのでしょうか。そもそも誰でしょうか。	
●買い物帰りの客　　　●電化製品を売る袋を持っている。 ●「爆買い」の客では？	❷バスに乗り込む外国人買い物客
T：わざわざ日本に買いに来ているのだろうか。どうしてかな。	
◇資料を提示して，買い物をする外国人観光客の気持ちを書かせる。 ●日本製は性能がよいから，おみやげにたくさん買っていこう。 ●自分の国にはない製品だから買っていこう。 ◇資料を提示して，日本はどんなものを外国に輸出しているのか調べる。	❸日本の家電売場で買い物をする外国人観光客の写真
Q　どんなものが多く（人気があって）輸出されているのかな。　　相互関連	
●自動車がいちばん多いよ。　　●輸出しているもののほとんどが機械だよ。 ●日本の工業製品は，世界中で売られている。 ◇本時のまとめを行い，学習問題を立てる。	※現在の日本の輸出品の割合（グラフ）
◇まとめ ・日本の製品は，品質が高い。　　・日本の工業製品は，多くの国に売られて（輸出されて）いる。 ・日本の輸出は，機械や自動車が多い。	
●どんなものを主につくっているのか。機械や自動車が多いのか。 ●どのように工業製品をつくっているのか。	
学習問題　外国からも人気のある日本の工業製品は，主にどんなものを，どのようにつくっているのだろうか。	

104

児童が「見方・考え方」を働かせるポイント　　　相互関連

　本小単元は，どのような視点で電化製品を購入するのかについて，外国人の立場も取り入れるなどして多角的に考えさせ，日本の工業製品の人気の理由や自動車，機械が多く輸出されることについて理解を深めたい。そして，国内だけでなく海外からも需要のある日本の工業製品がどのようにつくられているのか，問題意識をもたせたい。

 ## 資　料

❶ 家電売り場のようす，家電製品のパンフレット

　家族とともに電化製品売り場を訪れている児童は少なくない。ここでは，実際に家族がどんな視点で製品を購入しているのか，意見を出させたい。
　洗濯機やTVなどの家電のパンフレットを用意するが，国内のメーカーだけではなくアジアを中心とした格安メーカーのものも用意しておくとよい。

❷ バスに乗り込む外国人買い物客のようす

　秋葉原などの電気街を訪れる外国人観光客のようすを提示する。❸の資料では，写真に吹き出しを入れ，外国人観光客がどのような視点で日本の製品を購入しているのかを考えさせ，日本の製品が外国からも人気が高いことをとらえさせる。

❸ 日本の家電売り場で買い物をする外国人観光客の写真

　外国人観光客の写真にセリフを入れることで，どんな目的で日本の工業製品を購入しているのか考えさせたい。

セリフの例
・日本製はこわれにくいから安心。
・性能がよいから，少しくらい高くても買いたいわ　など

〔写真提供：朝日新聞社〕

2．日本の主な工業生産

1	2	3	4	5	6	7	8	9	10
11	12	13	14	15	**16**	17	18	19	20	時

■**本時のねらい**　製造品出荷額の移り変わりを調べ，現在の日本の工業の中心について理解する。

■**本時のプラン**

◇活動　T：教師の働きかけ　Q：主な問い　●期待する子どもの反応	資　料
◇前時の学習をふり返りながら，どんなものを主に生産しているのかを予想する。 ●輸出量の割合では，日本は，「機械や自動車」が多かったから，やはり「機械や自動車」の割合が多いのではないか。 ●東京の電気街でも，外国人の買い物客がいるから「機械」が多いのではないかな。 ◇資料を提示して，どんなものを主に生産しているのかを調べる。	❶製造品出荷額の割合の移り変わり
⬚ T：日本では，主にどんなものを生産しているのだろう？	
●やはり，機械や自動車が多い。 ●機械にはいろいろなものが含まれるから，細かく見ると自動車の出荷額がいちばん多いよ。 ◇資料を提示して，日本で機械や自動車などの重工業が発展してきたわけを考える。	❷年代別の製造品出荷額の移り変わり
▰ Q　いつごろから，機械や自動車の生産がさかんになってきたのだろう。　　時間	
●昔は，「せんい」の割合がいちばん多いよ。 ●「機械」や「自動車」の出荷額が，年代ごとに増えていっているね。 ◇既習事項をもとにして，機械や自動車の出荷額が増えてきたわけを重工業が発達してきたことと関連付けて話し合う。 ●これまで学習してきたとおり，工業が発達して機械や自動車などの生産が増えたんじゃないかな。 ●自動車の工業で学習したように，技術が発達してきたんだよ。 ◇本時のまとめを行う。	
◇**まとめ** ・日本の工業生産は，昔は「せんい」がさかんだったが，1980年代ごろから現在まで機械や自動車の生産がさかん。 ・技術の発達や工業地帯などもできて，機械や自動車などの生産が増えた。	
◇既習をもとに，どのように生産を行っているのか予想する。 ●材料はどこからくるのだろう。 ●工場で製品をつくるための燃料はどこからくるのだろう。	

児童が「見方・考え方」を働かせるポイント

　本小単元は，大単元「わたしたちの生活と工業生産」のまとめの内容を含んでいるため，これまでの既習を生かした学習を行っていきたい。ここまで，児童は工業製品の種類や自動車工場と関連工場，工業のさかんな地域や工業を支える運輸の働きなどを学習してきている。それらを活用して，日本の主な工業生産が「せんい」に変わって，「機械や自動車」が増えてきたことについて理解を深めたい。

資　料

❶ 製造品出荷額の割合の移り変わり　　**❷ 年代別の製造品出荷額の移り変わり**

　最初は，❶のみを提示する。児童の予想どおり，機械や自動車の生産額の割合が多いことを読み取らせる。そのあと，年代別の❷の資料を提示し，時代を経て機械や自動車の出荷額が増えてきたことをつかませる。なお，このあとの学習で「せんい」が減った理由についても児童に考えさせる計画であるため，昔は「せんい」がさかんであったこともつかませておきたい。

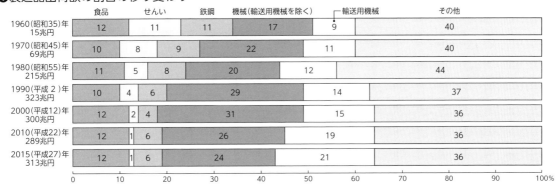

❶製造品出荷額の割合の移り変わり

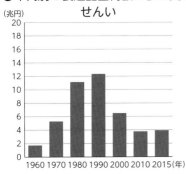
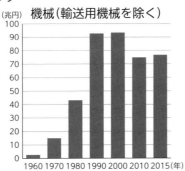
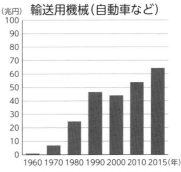

❷年代別の製造品出荷額の移り変わり

［工業統計表（1960・1970・1980年は全事業所の数値，1990・2000・2010・2015年は従業者4人以上の事業所の数値）］

※既習を生かすために

　本小単元では，これまでの児童の学習を生かしていく。そのためにも，これまでの学習をふり返ることのできる材料を用意しておくことも大切である。
　例えば，これまでの授業の板書を写真で撮っておいて掲示したり，これまでの児童のノートで見本となるようなものをコピーし，掲示しておくようなコーナーを設けたりすると効果的である。

3. 日本の工業生産の特色と貿易をめぐる問題

1	2	3	4	5	6	7	8	9	10
11	12	13	14	15	16	**17**	18	19	20	時

■**本時のねらい**　輸出入の内訳と貿易について調べ，日本の工業の特色や現状を考え，学習問題の結論付けを行う。

■**本時のプラン**

◇活動　T：教師の働きかけ　Q：主な問い　●期待する子どもの反応	資　料
Q　材料や燃料はどこから？	
◇資料をもとにして，日本の主要貿易相手国（地域）について調べる。 ●いろいろな国や地域と貿易をしている。 ●国や地域によって，貿易の金額がちがうんだね。	❶主要貿易相手国（地域）
T：相手国によって，輸入と輸出の割合がちがうのはどうしてだろう。	
◇輸入の割合が多い国（地域），輸出の割合が多い国（地域）を分類し，どのようなものを輸出入しているのかを調べ，日本の貿易の特色について考える。 ●輸入が多い国（地域）は，サウジアラビア・オーストラリア・カタール・UAE。 ●輸出は，アメリカ合衆国・台湾・シンガポールなどだね。 ●輸入相手国は，原油の生産や鉄鉱石の生産が多い国だね。 ●原料や燃料を外国から輸入しているんじゃないかな。 ●つくった工業製品を外国へ輸出しているんだね。 ◇考えたことをもとにして「加工貿易」についておさえる。 ◇資料をもとにして，輸出入の変化を調べ，近年の工業生産の特色について調べる。	❷貿易相手国（地域）との輸出入の割合 ❸地図帳の統計資料の活用
T：近年，輸出より輸入が上回った理由は何だろう。	相互関連
●ここ最近，輸入が輸出を上回っている。 ●外国での生産が増えた。　　●外国の安くて質のよい製品が増えた。 ●日本の会社でも海外で生産している。 ●自動車工業の学習でも，「現地生産」をしていると学習したよ。 ●製品を輸出するだけでなくて，相手の国のことも考えて，外国で日本の製品をつくることも増えている。 ●日本の会社の製品でも，洋服などに外国製の記載があるよ。 ◇学習問題の結論付けを行う。	
学習問題の結論　日本の工業製品は，機械や自動車などを多く生産している。日本は原材料や燃料を輸入し，加工してそれらを輸出してきた。最近では，相手国との貿易の問題などもあり，海外で日本の製品がつくられるなど生産の仕方も変わってきている。	

児童が「見方・考え方」を働かせるポイント　　相互関連

　本時では，日本の貿易の現状を外国との関わりの中で大きくとらえさせる。その際に，本時のプランにあるような「問い」を行い，各種資料を用いて主体的に児童が「問い」に対しての答えを導き出す活動を取り入れたい。特に，地図帳の統計資料を詳しく調べ，日本の主要貿易国がどのような国（地域）であるのかについて調べたことを関連付けたい。また，前時同様，既習事項を活用し近年の日本の貿易の特色についても考えさせたい。

資　料

❶ 主要貿易相手国（地域）　❷ 貿易相手国（地域）との輸出入の割合

　最初に❶の資料を提示する。ここでは，提示の仕方についても工夫したい。

　例えば，❶の資料を提示する前に貿易総額上位5カ国（地域）をランキングで提示し，これらの国や地域はどのような国々なのか想像させ，学習意欲を引き出したい。また，資料提示後も，「相手国によって，輸入と輸出の割合がちがうのはどうしてだろう。」と働きかけ，主体的に調べさせたい。

❶主要貿易相手国（地域）

日本の〇〇ランキング	（2015年）
第1位　中華人民共和国	3265
第2位　アメリカ合衆国	2328
第3位　大韓民国	857
第4位　台湾	729
第5位　オーストラリア	576

数字の単位は百億円〔財務省調べ〕

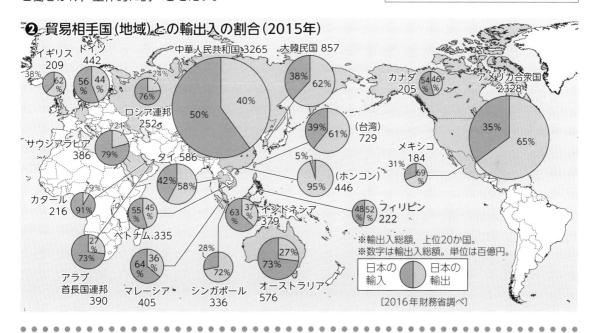

❸ 地図帳の統計資料の活用

　地図帳には，国（地域）別の統計が掲載されているので，工業生産の材料や燃料である石油や天然ガスなどをどの国からどれくらい輸入しているのか，またどの国へどれくらい機械や自動車が輸出されているのかがわかる。

4 これからの日本の工業　配当3時間／20時間

1. 日本の工業の安心度

1	2	3	4	5	6	7	8	9	10
11	12	13	14	15	16	17	**18**	19	20	時

■**本時のねらい**　身のまわりにある外国製の製品などから台頭する外国の工業を調べ，日本を支えるこれからの工業について追究意識をもつ。

■**本時のプラン**

◇活動　T：教師の働きかけ　Q：主な問い　●期待する子どもの反応	資　料
◇資料を提示し，身のまわりにある外国製の工業製品にはどのようなものがあるのかを調べる。 ●アメリカの会社の音楽プレイヤー　　●中国の会社のスマートフォン ●韓国の会社の携帯電話　　●ドイツの会社の自動車　など ●身のまわりには，日本製だけではなくて外国製の工業製品もあるね。 ●外国製の工業製品もよく目にするよ。 ●僕たちが着ている服なども外国製が多いよ。	❶家電売り場のようすの写真
T：世界の中で，どのような国や地域がどんなものをたくさん生産しているのだろう。	
◇資料を提示し，世界の主な工業製品の生産台数の割合のグラフからどんな国（地域）で生産が多いのかを調べ，これまでの学習と関連付け，気になることを話し合う。 ●アジアが多いね。何か理由があるのかな。　　●中国は特に多いね。 ●日本の工業製品は，性能がよくて海外からも人気だけど，外国製が増えたら困らないかな。 ●そういえば，昔は日本の工業生産は「せんい」がさかんだったよね。今は「機械や自動車」がさかんだけど，安くて質の高い外国製の製品が増えたら…。 ●日本の会社が中国などで生産しているものも含まれるから大丈夫じゃないかな。 ●自動車などの現地生産も行っているから，日本の製品はこれから増えていくんじゃないかな。	❷主な工業製品の生産台数の割合
Q　日本の工業の安心度は？　これからも，日本の工業は発展していくのだろうか。　選択・判断	
◇これからの日本が目指すべき工業生産について学習問題を立てる。 ●優れた技術で質のよい製品をつくってきたから，安心度は高い。 ●身のまわりにも外国製の製品はあるし，安心度より不安のほうが高い。 ●これからも日本の工業は発展していってほしい。	❸安心度心情チャート
学習問題Ⅱ　これからも日本の工業が発展するために，どのようなことが取り組まれているのだろう。	

児童が「見方・考え方」を働かせるポイント　　/選択・判断/

　本時では，これまで学習してきた日本の工業生産の現状と課題をふまえ，日本の工業がこれからも発展していくために，どのようなことが取り組まれているのかについての追究意欲を高めさせる。そのために，自分の考えを主張できるようなチャートを用いて，安心度・不安度を表現させる。安心度が高い場合は，「日本の工業は，○○のような取り組みをしているから安心」，不安度が高い場合は，「日本の工業は，これからは○○のような取り組みをしていくべき」といった視点で追究させたい。

 ## 資　料

❶ 家電売り場のようすの写真

　❶と❷のいずれの資料も外国製の製品も性能や価格などさまざまな要因で購買者がいることを確認したい。外国製を買うことが悪いということではなく，消費者のニーズによって製品を選択できることをとらえさせたい。

❷ 主な工業製品の生産台数の割合

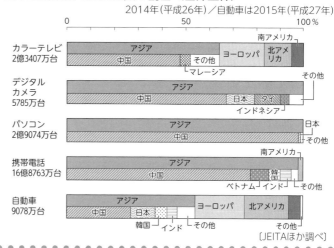

❸ 安心度心情チャート

　考察したことを児童どうしで説明するために，自分の心情をチャートに表す。安心度をパーセンテージで表現させ，そのように考えた理由を記述し，意見を交換させることでより質の高い学習問題へとつなげたい。
　また，このチャートを本小単元の第１時に行って，本時と比較させてもおもしろい。

〈例〉

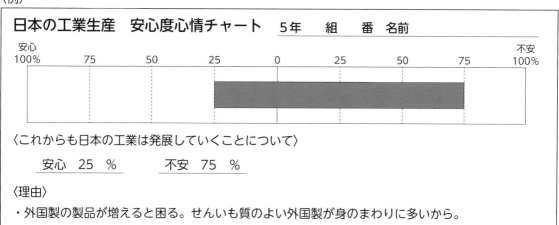

第4章　授業づくりのアイディアとプラン　111

2. これからの工業生産とは

1	2	3	4	5	6	7	8	9	10
11	12	13	14	15	16	17	18	**19**	20	時

■**本時のねらい**　これからも日本の工業が発展していくために重要であると考えられる取り組みには，どんなものがあるのかを調べる。

■**本時のプラン**

◇活動　T：教師の働きかけ　Q：主な問い　●期待する子どもの反応	資　料
Q　これからも日本の工業が発展するための取り組みとは。	選択・判断
◇日本の工業が発展するために，どんな工業製品を生産しているのかを予想する。 ●日本の技術を生かす。 ●みんながほしいと思うもの ●売れるもの ●日本の伝統を生かす。 ●オンリーワンの技術　など	
T：予想した取り組みについて調べよう。	
◇自動車工場で見学した内容をふり返り，どのような取り組みが行われているのかを考える。 ●新しい技術の開発　など ◇ほかに，日本の工業を発展させられると考えられる取り組みを調べる。 ●人や環境に配慮した工業製品	❶各種資料

◆ ワークシート例

日本の工業が発展するための取り組み　5年　　組　　番　名前

◇日本の工業がこれからも発展するために，どのような取り組みが行われているのだろう。

〈調べたこと〉

〈ここがすごい！ポイント〉

児童が「見方・考え方」を働かせるポイント　　選択・判断

　本時では，前時のチャートの安心度が高かった児童はその根拠となる取り組みについて調べる。安心度が低かった児童については，自身の安心度を高めるための取り組みについて調べる。いずれの場合も，これからの日本の工業の発展につながるような取り組みについて調べさせていく。

資　料

❶ 各種資料

　いずれの資料も児童が主体的に追究できる資料を用意したい。

　まず，児童や学級の実態に応じて，学級全体で「これからの工業」についての取り組みを調べ，どのようなものがよいのかを価値づけたい。その際，前単元等で見学した工場の取り組みなどを調べてみてもよい。そのあと，グループや個人で調べさせたい。

　教科書や資料集のほかにも，図書館等で児童用の関連図書を借りるなど工夫するとよい。なお，その場合は，本小単元の学習前から用意しておき，児童がいつでも手にとれるよう教室に置き，「興味がある人は読んでみるといいよ。」と声をかけておくと，より効果的である。調べる時間の短縮の効果もあると考えられる。

『2017年版社会科資料集 5 年』
（日本標準発行）
88〜89，102〜103ページ

第 4 章　授業づくりのアイディアとプラン　113

3. 日本の工業発展のための討論会を行おう

1 2 3 4 5 6 7 8 9 10 11 12 13 14 15 16 17 18 19 **20** 時

■本時のねらい　日本の工業生産の発展につながる取り組みについて学習したことや調べたことをもとにして資料を用意して，討論会を行い，これからの日本の工業について考え，話し合う。

■本時のプラン

◇活動　T：教師の働きかけ　Q：主な問い　●期待する子どもの反応	資　料

T：討論会を行うために，自分の考えをノートにまとめよう。

◇これまで学習してきた資料などを確認する。
●自動車工場では，環境に配慮した車を開発していたよ。
●日本の工業生産は，優れた技術で世界からも人気だよ。
●海外でも日本の工場が生産を行うなどしていたよ。
◇これからの工業について調べてきた資料を発表し合う。
●中小工場のオンリーワンの技術
●人や環境に配慮した製品の開発
●日本の伝統を生かした製品づくり
●最新技術の開発

Q　これからも，日本の工業が発展するために必要なこととは。　　選択・判断

◇調べてきた内容をもとにして，これからも日本の工業を発展させていくためにどんなことが必要なのか話し合う。

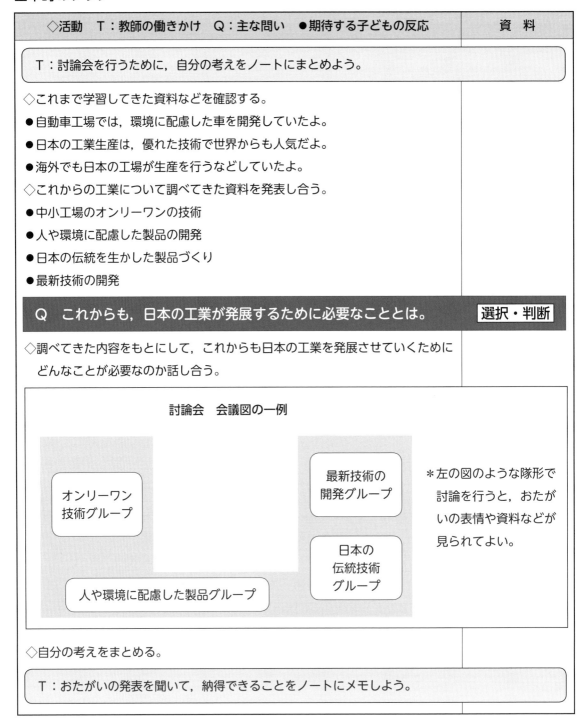

討論会　会議図の一例

＊左の図のような隊形で討論を行うと，おたがいの表情や資料などが見られてよい。

◇自分の考えをまとめる。

T：おたがいの発表を聞いて，納得できることをノートにメモしよう。

児童が「見方・考え方」を働かせるポイント

／選択・判断／

　本時では，日本の工業生産の特色や現状をふまえ，これからの工業生産のあり方を考えていく。工業生産に従事する人々の工夫や努力に関連付けて考察させるため，自分で選んで調べた取り組みを発表し，意見を交換させていく。最終的に，資料や友だちの考えをどのようにつなげて自分の考えを再構成したのか，評価したい。

資　料

◆ ノート例

調べたこと

☆〇〇会社の自動車
- 自動ブレーキシステムを昔から開発していた。
- もともと飛行機をつくる会社だったから安全についての意識が高い。
- 昔はあまり売れなかったが，今は，自動ブレーキシステムがついた自動車の売り上げがのびている。

自分の考え

　昔はあまり売れなかった自動ブレーキシステムが，今では一般的になってよく売れるようになっている。昔から開発していることがすごい。今売れなくても，開発を続けることが必要だと思った。

話し合いから考えたこと（まとめ）

　話し合いでは，ほかの国がやっていない最新の技術の製品があれば売れるし，人気も高くなるし，そういう製品をこれからはつくっていくことが必要だと思った。でも，自動ブレーキみたいに昔から研究を続けていくことで最新のものが生まれることもあるから，やはり今売れなくても開発を続けることは大事だと思う。

◆ 教師の役割

　実際に児童の立場ごとに話し合いを行う。教師は，板書等を用いて，児童の意見を黒板に記載して価値付けたり，納得できる立場や意見にネームカードを貼って立場を位置付けたりして，話し合いをサポートする。

◆ 自分の考えをまとめる

　討論会終了後に，話し合いをふり返って，自分の考えがどのように変容していったのか，児童の言葉でまとめを行いたい。

（大熊弘明　深谷市立岡部西小学校）

~新単元・新教材の開発~

5年 産業を変える情報

1 単元のねらいと育てたい資質・能力

　産業における情報活用の現状について調べる活動を通して，情報を生かして発展する産業が国民生活を向上させているなど，それらの役割について考えられるようにする。

知識・技能	大量の情報や情報通信技術の活用は，さまざまな産業を発展させ，国民生活を向上させていることを理解する。
思考力・判断力・表現力	情報の種類，情報の活用の仕方などに着目して，産業における情報活用の現状をとらえ，情報を生かして発展する産業が国民生活に果たす役割を考え，表現する。
主体的に学習に取り組む態度	情報化の進展に伴う産業の発展や国民生活の向上について，多角的に考えようとする。

2 新しい社会科への授業アイディア

New Plan
- 大量の情報や情報通信技術の活用による産業の発展と国民生活の向上
  （選択事例）
  販売，運輸，観光，医療，福祉などに関わる産業

これまでのプラン
- 情報ネットワークを活用した公共サービスの向上と国民生活への影響
  （選択事例）
  教育，福祉，医療，防災など

3 素材から教材化への参考例

販　売 株式会社ロイヤリティ マーケティング "Ponta"

　共通ポイントサービス "Ponta（ポンタ）" の会員のデータを分析することで，効率的なマーケティングや商品開発に活かされている。大手コンビニエンスストア等で活用されている。

（情報の種類）
消費者の行動情報（どんな人が，いつ，どこで，いくらで，買ったか）など
（情報の活用の仕方）
マーケティング施策，商品開発など

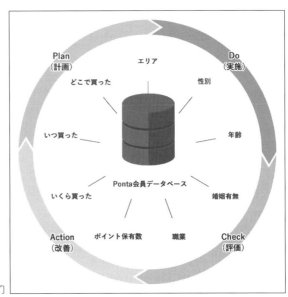

〔資料提供：株式会社ロイヤリティ マーケティング〕

[運　輸] イーグルバス株式会社

　埼玉県川越市に本社を置くバス会社イーグルバスでは，各バスに車載装置を設置している。そのGPSやセンサーからのデータや，乗客アンケート，運転士・管理者からのヒアリング等の情報などを活用している。

(情報の種類)
位置・時刻情報，
乗車人員情報
(情報の活用の仕方)
運行ダイヤの適正化

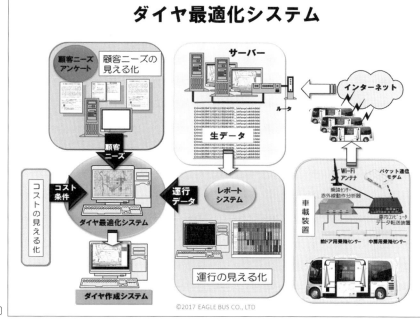

〔資料提供：
　イーグルバス株式会社
　©2017EAGLE BUS CO.,LTD〕

[福　祉] 株式会社エムダブルエス日高（群馬県）

　群馬県高崎市にある介護事業者「エムダブルエス日高」では，過去の介護に関する情報を活用し，「ICT（情報通信技術）リハ」という取り組みを行っている。

(情報の種類)
利用者の状況（どの療法を採用した際に，要介護度が改善できたか等）
(情報の活用の仕方)
年齢や疾患状況に応じた最適なリハビリメニューの提案

〔資料提供：
　株式会社エムダブルエス日高〕

※3つの事例とも2017年10月現在

（栗原完　本庄市立仁手小学校）

~単元の導入の工夫~

6年 憲法と政治のしくみ

1 単元のねらいと育てたい資質・能力

日本国憲法の内容や国の政治のしくみについて調べる活動を通して，日本国憲法や国の政治の考え方としくみや働き，および政治への関わり方について考えられるようにする。

知識・技能	各種資料をもとに調べ，日本国憲法は，国家や国民生活の基本を定めていることや，立法，行政，司法の三権の役割を理解する。
思考力・判断力・表現力	日本国憲法の基本的な考え方に着目して，日本国憲法が国民生活に果たす役割や，国会，内閣，裁判所と国民との関わりを考え，表現する。
主体的に学習に取り組む態度	憲法と政治のしくみから，国民としての政治への関わり方について多角的に考えようとする。

2 新しい社会科への授業アイディア

New Plan

- 「政治」→「歴史」という政治先習の流れ
- 日本国憲法→国の政治のしくみの単元構成
- 既習を生かした導入の工夫

これまでのプラン
- 「歴史」→「政治」という学習順
- 政治の働き→日本国憲法の単元構成
- 歴史学習をもとにした指導

深い学びへと導く思考の過程

●社会的事象の見方・考え方を働かせて，日本国憲法の内容を見つめる。

A①わたしたちのまちも非核平和都市宣言？

Q なぜ，わたしたちのまちが非核平和都市宣言をしているのだろう。
→ A 非核平和都市宣言は，戦争で原子爆弾を落とされた広島や長崎だけでなく，埼玉県にも広がっている。

Q なぜ，非核平和都市宣言は全国に広がっているのだろう。
→ A 日本国憲法に「平和主義」の考えがあるので，非核平和都市宣言が全国に広がっている。

B①大気汚染で裁判が起きた

Q どんな裁判だったのだろう。
→ A 大気汚染で被害を受けた人が，自動車メーカー，高速道路会社，国，都を訴えた。

Q なぜ訴えられたのか。
→ A 国民には，よりよい環境の中で生活を営み，人間らしい生活を送る権利がある。

②日本国憲法の三原則

Q 平和主義・基本的人権の尊重・国民主権とはどういうものだろう。
→ A 憲法の三原則にもとづいて日本の法やきまりがつくられ，国の基本的なあり方が定められている。

③国の政治のしくみ

Q 国の政治はどのように進められているのだろう。
→ A 国会・内閣・裁判所それぞれの働きによって，日本の政治は進められている。

●社会的事象の見方・考え方を働かせて，政治への参加について考える。

④国会・内閣・裁判所の関わり

Q なぜ三権が分立しているのだろう？
→ A 憲法や政治のしくみをよく理解し，自分の考えをもつ。

118

3 本単元の授業プラン（時数20時間）

本書では，AとBの2つの事例（下の ▢▢ ）を掲載しています。

配当	内容（Q：主な問い　▢▢：主な資料）	見方・考え方, 選択・判断
	❶　わたしたちのくらしと日本国憲法	
5時間 A	1．**わたしたちのまちも非核平和都市宣言？** 　非核平和都市宣言　原爆のようす　年表 　Q　なぜ，わたしたちのまちが非核平和都市宣言をしているのだろう。 2．**どうして非核平和都市宣言が広がっているの？** 　非核平和都市宣言自治体一覧　年表　日本国憲法第9条 　Q　なぜ，非核平和都市宣言は全国に広がっているのだろう。	1．**相互関連** 戦争や原子爆弾について知り，広島・長崎と比較して非核平和都市宣言の広がりについて考える。 2．**空間** 非核平和都市宣言の広がりと日本国憲法，日本国憲法と市役所などを関連付け，憲法への問題意識を高める。
	3．**くらしの中の平和主義** 　日本国憲法前文　非核三原則　平和記念式典 　Q　憲法にある平和主義とはどういうものだろう。 4．**くらしの中の基本的人権の尊重** 　日本国憲法第11条　国民の権利　国民の義務 　Q　基本的人権の尊重とはどういうことだろう。 5．**くらしの中の民主主義** 　日本国憲法第1条・第15条　市のホームページ 　Q　国民主権はどのように実現されているのだろう。	3．**相互関連** 憲法の内容と，市役所の仕事やくらしのこととを関連付け，平和主義を理解する。 4．5． **相互関連** くらしの中の基本的人権の尊重・国民主権を理解する。
B	1．**大気汚染で裁判が起きた** 　勝訴を伝える写真　新聞記事 　Q　どんな裁判だったのだろう。だれが，だれを訴えたの？ 2．**どうして〇〇が訴えられたの？** 　新聞記事　公害についての資料　憲法13条・25条 　Q　なぜ，〇〇は訴えられたのだろうか。	1．2． **相互関連** 大気汚染で行政が訴えられた裁判をもとに，基本的人権の尊重，国民主権に関わる憲法への問題意識を高める。
	3．**くらしの中の基本的人権の尊重** 　日本国憲法第11条　国民の権利　国民の義務 　Q　基本的人権の尊重とはどういうことだろう。 4．**くらしの中の民主主義** 　日本国憲法第1条・第15条　市のホームページ 　Q　国民主権はどのように実現されているのだろう。 5．**くらしの中の平和主義** 　日本国憲法前文　非核三原則　平和記念式典 　Q　憲法にある平和主義とはどういうものだろう。	3．4． **相互関連** くらしの中の基本的人権の尊重・国民主権を理解する。 5．**相互関連** 憲法の内容と，市役所の仕事やくらしのこととを関連付け，平和主義を理解する。
4時間	**❷　国の政治のしくみ** 1．**国会の働き** 　国会のしくみ　国会の働き　選挙の投票率 　Q　選挙で選ばれた議員はどのようなことをしているのだろう。 2．**内閣の働き** 　内閣のしくみ　内閣の働き 　Q　内閣はどのように組織されているのだろう。 3．**裁判所の働き** 　裁判所のしくみ　裁判所の働き　裁判員制度 　Q　裁判所はどのような役割をもっているのだろう。 4．**国会・内閣・裁判所の関わり** 　三権の関わり　国民と政治の関わり 　Q　なぜ三権が分立しているのだろう。	1．〜3． **相互関連** 国会・内閣・裁判所のしくみや働きについて調べ，憲法と関連付けて考え，国の政治のしくみについて理解する。 4． **相互関連** 選択・判断 国会・内閣・裁判所それぞれの関係を比較・関連付けしながら考え，政治への参加について自分の考えをまとめる。

※❷のあとに，「❸ 政治と国民生活との関わり」を，11時間実施。

6年

第4章　授業づくりのアイディアとプラン　119

1 わたしたちのくらしと日本国憲法　配当5時間／20時間

A-1. わたしたちのまちも非核平和都市宣言？

1	2	3	4	5	6	7	8	9	10
11	12	13	14	15	16	17	18	19	20

時

■**本時のねらい**　非核平和都市宣言について調べ，その意味や広がりに関心をもつ。

■**本時のプラン**

◇活動　T：教師の働きかけ　Q：主な問い　●期待する子どもの反応	資　料
T：写真のようなものを見たことがある？　これはいったい何だろう。	
●市役所で見たことがあるよ。　●「非核平和都市宣言」と書いてある。 ●非核平和都市って何だろう。 ◇資料から，「非核平和都市宣言」について調べる。 ●核兵器を使わないと宣言したまちのことだね。 ●非核三原則などの核兵器の廃絶を訴えているよ。	❶非核平和都市宣言の碑の写真 ❷非核平和都市宣言に関する決議
T：核兵器ってどんなものかな。私たちとどう関係があるのだろう。	
◇資料から，原子爆弾や戦争について知る。 ●日本は戦争で2つの原子爆弾を落とされたんだね。 ●広島・長崎のまちにも非核平和都市宣言があるよ。 ●原爆の被害を受けたのだから当然だね。 ●わたしたちのまちが非核平和都市宣言をしているのはどうしてかな。	❸第2次世界大戦に関する年表
Q　なぜ，わたしたちのまちが非核平和都市宣言をしているのだろう。　相互関連	
●わたしたちのまちは核兵器と関係ないと思うけど…。 ●広島や長崎からも離れているし…。	
T：ほかのまちは非核平和都市宣言をしていると思う？　調べてみよう。	
◇資料から埼玉県内の非核平和都市宣言の分布について調べる。 ●非核平和都市宣言は，県内のほとんどの市町村に広がっているね。 ◇本時の学習をふり返り，まとめをする。	❹県の非核平和都市宣言の分布図
◇まとめ 　•非核平和都市宣言は，原子爆弾が落とされた広島や長崎だけでなく，埼玉県にも広がっている。	
◇次時の見通しをもつ。	
T：次回は，非核平和都市宣言が広がっている理由を考えていこう。	

120

児童が「見方・考え方」を働かせるポイント　　相互関連

　本時では，憲法を学習する導入として，市役所を入り口にし，非核平和都市宣言を教材として取り上げ，その広がりについて問題意識をもてるようにする。そのために，年表を活用して戦争を知るきっかけとしたい。そして，相互関連的な見方を働かせ，戦争や核兵器と自分たちの地域との関係性を見いだして考え，「なぜわたしたちのまちが非核平和都市宣言をしているのか」という問題意識をもたせて次時につなげていく。

資　料

❶ 非核平和都市宣言の碑の写真

　非核平和都市宣言をしている市町村では，役所などにその碑や看板があることが多い。児童も何気なく目にしていることも少なくないだろう。その写真を提示することで，学習する事象として改めてとらえさせる。

埼玉県本庄市

❷ 非核平和都市宣言に関する決議

　非核平和都市宣言に関する決議は，それぞれの議会資料や広報などにある。それらをもとに，非核平和都市宣言の内容について調べさせる。自分たちの市はもちろん，別の町のものと比較しながら調べると，さらに理解が深まり効果的である。

> 「非核平和都市宣言」に関する決議
> 　世界の恒久平和は，人類共通の願いである。わが国は人類史上初めての被爆国であり，日本国民は広島・長崎の惨禍を再び繰り返さないよう訴えていく責務を自覚しなければならない。
> 　私たち本庄市民は，美しい郷土を愛し，伝統と文化に恵まれたこの郷土が永久に栄えることを願い，非核三原則の完全実施を求めるとともに，ここに広く核兵器の廃絶を訴え，本庄市が非核平和都市であることを宣言する。
> 　平成十八年十月二十二日　　　　本庄市議会

❸ 第2次世界大戦に関する年表

　児童は歴史については未習である。年表を活用し，時間的な見方を働かせるとともに，できごとについて全員が共通理解できるようにしたい。

年	主なできごと
1939(昭和14)	第2次世界大戦がおこる。
1940(昭和15)	日本・ドイツ・イタリアの三国同盟が成立する。
1941(昭和16)	日本軍がハワイのアメリカ軍を攻撃し，太平洋戦争が始まる。
1942(昭和17)	日本，ミッドウェー海戦に負け，連合国軍の反攻が始まる。
1944(昭和19)	アメリカ軍の空襲がはげしくなる。
1945(昭和20)	3月，アメリカ軍，沖縄に上陸する。8月6日に広島，8月9日に長崎に原子爆弾が落とされる。ポツダム宣言を受諾し，8月15日に天皇が国民に日本の降伏を伝える。

❹ 県内の非核平和都市宣言の分布図

　県内の分布状況を提示することで，非核平和都市宣言をより身近にとらえさせる。そして，なぜ？どうして？という問題意識が高まるようにしたい。

埼玉県の非核平和都市宣言の分布図
※埼玉県全64市町村のうち，☐の58の市町村が非核平和都市宣言を行っている。

第4章　授業づくりのアイディアとプラン　121

A-2. どうして非核平和都市宣言が広がっているの？

1	2	3	4	5	6	7	8	9	10
11	12	13	14	15	16	17	18	19	20	時

■**本時のねらい**　非核平和都市宣言が広がった要因について考え，市役所との関係から「憲法」についての学習問題を立てる。

■**本時のプラン**

◇活動　T：教師の働きかけ　Q：主な問い　●期待する子どもの反応	資　料
T：埼玉県では非核平和都市宣言が広がっていたね。全国ではどうかな？	
◇資料から全国における非核平和都市宣言の広がりを調べる。 ●日本全国にも広がっているね。 ●どうして全国にも非核平和都市宣言は広がっているのかな。	❶非核平和都市宣言自治体一覧
Q　なぜ，非核平和都市宣言は全国に広がっているのだろう。　[空間]	
●何かきまりがあるのかもしれないね。 ●今までのできごとで関係しているものはないかな。 ◇年表をもとに，非核平和都市宣言が広がった要因を考える。 ●戦争のあとに何か決まったことはないのかな。 ●日本国憲法というものが新しくつくられているよ。 ●憲法に非核平和都市宣言についてのきまりがあるのかな。	※年表 前時の学習で提示した年表を再び活用し，なぜ全国に非核平和都市宣言が広がったのかを歴史上のできごとから推測できるようにする。その際，戦争後の日本国憲法に着目させたい。
T：日本国憲法が関係していそうだね。その内容を少し見てみよう。	
◇資料から憲法の平和主義について知り，学習問題をつかむ。 ●第9条で戦争の放棄や戦力を保持しないといっている。 ●非核平和都市宣言と憲法は関係がありそうだね。 ●そもそも憲法って何だろう。 ●憲法には，ほかにどんなことがあるのかな。	❷日本国憲法第9条
T：市役所に憲法と関係のありそうなものは，ほかにもあるかな？	
●人権尊重都市というのを見たことがあるよ。 ●選挙を知らせる垂れ幕が下がっていることもあるね。 ●憲法と市役所は関係があるのかも…。 ●憲法についてもっと調べたい。	
学習問題　**市役所と関係がある「日本国憲法」とは，どのようなものなのだろう？**	

122

児童が「見方・考え方」を働かせるポイント　　空間

　本時では，非核平和都市宣言の広がりから問いを導き出し，学習問題を立てる。そのために，前時の学習を生かし，空間的な見方を働かせて非核平和都市宣言の全国的な広がりをとらえさせる。そして，年表や資料を活用し，非核平和都市宣言や市役所と日本国憲法とのつながりを考えさせ，学習問題をつかめるようにしたい。

資　料

❶ 非核平和都市宣言自治体一覧

　非核平和都市宣言をしている都道府県の一覧を提示し，日本全国の分布を把握させる。全ての都道府県に非核平和都市宣言は広がっており，全国の90％以上の市町村が宣言している。県内の広がりから日本全国の広がりへと空間的な見方を働かせて考えさせたい。

都道府県名	宣言自治体数	宣言率	自治体総数	都道府県名	宣言自治体数	宣言率	自治体総数
北海道	117	65%	180	滋賀県	20	100%	20
青森県	32	78%	41	京都府	26	96%	27
岩手県	34	100%	34	大阪府	44	100%	44
宮城県	36	100%	36	兵庫県	37	88%	42
秋田県	26	100%	26	奈良県	39	98%	40
山形県	36	100%	36	和歌山県	26	84%	31
福島県	53	88%	60	鳥取県	20	100%	20
茨城県	45	100%	45	島根県	14	70%	20
栃木県	25	96%	26	岡山県	27	96%	28
群馬県	36	100%	36	広島県	24	100%	24
埼玉県	58	91%	64	山口県	20	100%	20
千葉県	55	100%	55	徳島県	25	100%	25
東京都	52	83%	63	香川県	16	89%	18
神奈川県	34	100%	34	愛媛県	21	100%	21
新潟県	29	94%	31	高知県	30	86%	35
富山県	16	100%	16	福岡県	61	100%	61
石川県	20	100%	20	佐賀県	21	100%	21
福井県	11	61%	18	長崎県	22	100%	22
山梨県	28	100%	28	熊本県	46	100%	46
長野県	77	99%	78	大分県	19	100%	19
岐阜県	27	63%	43	宮崎県	27	100%	27
静岡県	33	92%	36	鹿児島県	43	98%	44
愛知県	40	73%	55	沖縄県	41	98%	42
三重県	30	100%	30	合　計	1,619	91%	1,788

〔日本非核宣言自治体協議会調べ（2016年11月14日現在）〕

❷ 日本国憲法第9条

　日本国憲法第9条を提示し，日本国憲法とは何かを考えたり，平和主義の考え方をとらえさせたりできるようにする。

第2章　戦争の放棄
第9条　日本国民は，正義と秩序を基調とする国際平和を誠実に希求し，国権の発動たる戦争と，武力による威嚇又は武力の行使は，国際紛争を解決する手段としては，永久にこれを放棄する。
2　前項の目的を達するため，陸海空軍その他の戦力は，これを保持しない。国の交戦権は，これを認めない。

（栗原完　本庄市立仁手小学校）

B-1. 大気汚染で裁判が起きた

1	2	3	4	5	6	7	8	9	10
11	12	13	14	15	16	17	18	19	20	時

■**本時のねらい**　環境破壊に関する裁判を調べ，自動車メーカーや高速道路会社，都や国などの行政が国民に裁判を起こされたことを理解する。

■**本時のプラン**

◇活動　T：教師の働きかけ　Q：主な問い　●期待する子どもの反応	資　料
◇資料を提示して，写真について意見を出し合う。 ●紙に「勝訴」って書いてあるよ。何に勝ったのかな。 ●同じような映像をTVで見たことがあるよ。裁判じゃないかな。 ●裁判ってなんだろう？	❶勝訴を伝える写真
T：これは，裁判で判決が出た写真です。裁判ってどんなものだろう。	
◇資料を提示して，裁判について調べる。 ●裁判って何か問題が起きたときに行われるんだね。 ●どちらが正しいか決めるんだよね。 ●「訴える」「訴えられた」とかよくメディアでも聞くね。 ●裁判所がどちらの言い分が正しいか決めるんだね。 ●訴えるほうと訴えられるほうがいるんだね。 ◇資料❶の裁判について調べる。	❷裁判について
Q　どんな裁判だったのだろう。だれが，だれを訴えたの？	**相互関連**
◇訴えたのが誰なのかを調べる。 ● 2002年の東京の大気汚染の裁判だね。 ●大気汚染の被害を受けた人が裁判を起こしたんだね。 ●訴えたのは，都民，国民だね。 ◇訴えられたのが誰なのかを調べる。 ●自動車メーカー　　●高速道路会社　　●東京都，国 ◇本時のまとめをする。	❸❶の裁判を報道した新聞記事
◇まとめ ・1960年以降，東京都民や国民は大気汚染で困っていた。 ・困っていたことを裁判所に訴えた。 ・訴えられたのは，自動車メーカー・高速道路会社・東京都や国。	
◇次時の予告を行う。	
T：次回は，裁判で訴えられた理由を考えていこう。	

児童が「見方・考え方」を働かせるポイント　　　相互関連

　本小単元は，憲法が国民の権利を守るためのものであるという考えにもとづいて構成した。憲法は，国民の権利を守るものであり，国家権力に対しての制限であるということについて理解を深めさせたい。
　そのために，本時では，環境破壊が引き起こされたことに対して，誰が誰を訴えたのかについて理解させたい。都民や国民が，自動車メーカー・高速道路会社・東京都や国を訴えたという事実をつかませたい。

 ## 資　料

❶ 勝訴を伝える写真

　ここでは，自分たちの環境を脅かされたことについて賠償を求める裁判に勝訴したようすを写真で提示し，児童の興味・感心をひきたい。
　最近では，大気汚染における裁判など，原告側がHP等で裁判の内容などを提示している事例も多い。それらを活用し，行政が訴えられていることを調べさせる。

〔写真提供：朝日新聞社〕

❷ 裁判について

　ここでは，資料集やインターネットであらかじめ入手しておいた児童向けの資料を活用したい。その際，裁判の詳しいしくみを学ぶのではなく，「裁判とは，裁判所が，法律や憲法にもとづいてトラブルを最終的に解決する手続きであること」などの簡潔な内容のみの理解に努めたい。

❸ ❶の裁判を報道した新聞記事

　ここでは，新聞の見出しなどを提示する。新聞の記事のままでは児童にとって内容の理解が難解であることが予想されるため，くわしい内容については，わかりやすく書き改めたものを提示したい。
　また，裁判についても同様に，簡単なしくみや内容がわかる資料を用意しておきたいところである。

〔朝日新聞　2002年10月29日夕刊〕

B-2. どうして○○が訴えられたの？

1	2	3	4	5	6	7	8	9	10
11	12	13	14	15	16	17	18	19	20	時

■**本時のねらい**　公害裁判で行政が訴えられた理由を考え，「憲法」についての学習問題を立てる。

■**本時のプラン**

◇活動　T：教師の働きかけ　Q：主な問い　●期待する子どもの反応	資　料
◇前時のふり返りをする。	
T：なぜ訴えられたのだろうか。それぞれの理由は何だろう。	
◇それぞれの被告が，どんな理由で訴えられたか考える。 自動車メーカー ●自動車メーカーは，空気を汚す原因とされる排気ガスを出す車をつくったからかな。 ●もっと環境にいい車をつくってくださいってことかな。 高速道路会社 ●高速道路会社も，車を走らせる道路を町の中につくったからかな。 東京都や国 ●東京都や国が訴えられたのは... どうしてだろう。	※裁判を報道した新聞記事（前時で使用）
Q　なぜ，東京都や国が訴えられたのだろうか。　　　　相互関連	
◇資料をもとに行政が訴えられた理由を考える。 ●国も東京都もよい環境をつくるために，会社に働きかけてしっかりしなさいってことかな。 ●国や都道府県って訴えられることがあるんだね。 ●これって5年生で学習した「公害」じゃないかな。 ●公害の「公」はどんな意味があるのかな。	❶公害についての資料
T：「公」の害だね。「公」ってなんだろう。「しっかりしなさい」っていう根拠は？	
◇資料を提示して，学習問題をつかむ。 ●憲法の内容だ。第○条って書いてある。 ●日本国民の生命に対する権利。　　　●人間が人間らしく生きる権利。 ●このようなことが憲法に書いてあるから，国がこの権利を国民に対して守りなさいってことなのかな。 ●そもそも憲法って何だろう。　　　●ほかにも憲法の内容を知りたいな。 ●だれがどんなふうにつくったのかな。	❷環境権に関係した日本国憲法第13条，第25条
学習問題　東京都や国などの行政に国民の権利を守らせる「憲法」とは，どのようなものなのだろう？	

126

児童が「見方・考え方」を働かせるポイント

相互関連

　本小単元は，憲法が国のルールであるという考えにもとづいて構成した。憲法は，国民の権利を守るものであり，国家権力に対しての制限であるということについて理解を深めさせたい。
　そのために，既習事項である公害が高度経済成長期の環境破壊から「公」の害と認定されたわけを考えさせる。時間の経過を経て，これらの社会的事象が「公」の害であるとした根拠が憲法に明記されていることを調べ，「憲法」をこれから学習することの動機付けとしたい。

資　料

❶ 公害についての資料

　公害は5年生の既習事項であるため，5年生時の教科書や資料集を用いることが考えられる。
　本実践では，2002年の東京都の大気汚染に関する公害裁判を事例にしてあるが，過去にも日本全国で同様の裁判が起きていることをつかませたい。

日本全国で起きた大気汚染に関する主な公害裁判

倉敷公害訴訟
水島地域のコンビナート建設の影響で，作物の生産，住民の健康被害が現れ，1983年に公害病認定患者が提訴。被告は工場を持つ企業8社。1996年和解。

西淀川大気汚染公害裁判
阪神工業地域の一地域として多くの工場や道路が建設され，大気汚染が深刻化。1978年に公害病認定患者が提訴。被告は工場を持つ企業10社と国，阪神高速道路公団。1998年和解。

東京大気汚染公害訴訟
1996年，道路や排ガス規制の責任を負う国・東京都・首都高速道路公団，ディーゼル車を製造する自動車メーカー7社を喘息患者や遺族が提訴。2002年判決。2007年和解。

四日市公害裁判
戦後，石油化学コンビナートが建設され，大気汚染と海洋汚染が深刻。1960年ごろからぜんそく等の健康被害が現れる。工場をもつ6社に対して，1967年に公害患者が提訴。1972年，原告勝訴。

名古屋南部大気汚染公害裁判
名古屋港南部の臨海工業地帯の工場排煙や自動車の排ガスで，喘息が多発。1989年，公害病認定患者と遺族が工場を持つ企業11社と国に対して提訴。2001年和解。

千葉川鉄公害訴訟
川崎製鉄の工場からの大気汚染に対し，1975年に公害病認定患者と遺族，市民が提訴。1992年和解。本裁判で，大気汚染と患者の病気との法的因果関係が認められた。

川崎公害裁判
1910年ごろから工業化と幹線道路の建設で，大気汚染が深刻となる。工場を持つ企業12社と国，首都高速道路交通公団を相手に，1982年に公害病認定患者が提訴。1999年和解。

❷ 環境権に関係した日本国憲法第13条，第25条

　環境権は，いわゆる新しい人権のひとつである。良好な閑居の中で生活を営む権利のことであり，日本国憲法第13条の幸福追求権および第25条社会権をもとにして考えられている権利のことである。
　児童には，第13条と第25条を提示し，国民の権利であることを調べさせたい。第1時で簡潔な内容として触れた「裁判とは，裁判所が，法律や憲法にもとづいてトラブルを最終的に解決する手続きであること」を活用して，学習問題をつかませたい。

第3章　国民の権利及び義務
第13条　すべて国民は，個人として尊重される。生命，自由及び幸福追求に対する国民の権利については，公共の福祉に反しない限り，立法その他の国政の上で，最大の尊重を必要とする。
第25条　すべて国民は，健康で文化的な最低限度の生活を営む権利を有する。
2　国は，すべての生活場面について，社会福祉，社会保障及び公衆衛生の向上及び増進に努めなければならない。

（大熊弘明　深谷市立岡部西小学校）

~国際交流の扱い方の改善~

6年 日本とつながりの深い国々 (国際交流の果たす役割)

1 単元のねらいと育てたい資質・能力

外国の人々の生活のようすなどについて地図や各種資料をもとに調べてまとめる活動を通して、外国の人々の生活が日本の文化や習慣とちがうことを理解するとともに、国際交流の役割について考え表現する。

知識・技能	外国の人々の生活のようすなどについて地図や各種資料をもとに調べ、文化や習慣のちがいをまとめ、文化の多様性や異なる文化や習慣を尊重することが大切であることを理解する。
思考力・判断力・表現力	外国の人々のようすについて調べたことをもとに、国際交流の果たす役割について考えたことを適切に表現する。
主体的に学習に取り組む態度	外国の人々の生活のようすについて、調べたことをもとに国際交流などを通して世界の国々の人々とともに生きることの大切さを考えようとする。

2 新しい社会科への授業アイディア

New Plan

- 日本とつながりの深い国々の中に位置付く。
- 日本と外国の文化と習慣とのちがいをとらえる。
- それぞれの交流の目的や意義に触れ、国際交流の果たす役割について考える。

これまでのプラン
- 世界の未来と日本の役割の中に位置付く。
- 外国の文化と習慣について理解を深める。
- 国際交流によって世界の人々との親善や理解を深める。

深い学びへと導く思考の過程

●社会的事象の見方・考え方を働かせて、文化や習慣のちがいを見つめる。

①日本にある外国からきた文化
Q 身のまわりにあるもので外国からきたものは、どのようなものがあるでしょうか。
→ A 食べ物や工業製品、文化に至るまでさまざまなものが外国からきている。

②日本とつながりの深い国
Q 日本とつながりの深い国は、どのような国があるでしょうか。
→ A かかわりの深い国、距離的に近い国など、いろいろなつながりがありそうだ。

③日本とつながりの深い国調べ
Q それぞれの国は、どのような特色があるでしょうか。
→ A 気候、地形、衣食住、生活、マナー、娯楽、行事など、日本にはない文化や習慣がある。

④日本と似ている点やちがう点
Q 調べた国と日本とを比べて、似ているところやちがうところはどんなところでしょうか。
→ A さまざまな背景によって、物事のとらえ方や考え方にちがいがあるが、尊重したい。

●社会的事象の見方・考え方を働かせて、国際交流の役割について考える。

⑤交際交流の果たす役割
Q なぜ、さまざまな機会に国際交流をしているのでしょうか。
→ A 文化や習慣はちがっても、国際交流を通して互いを尊重し人間としての願いを共有することが大切であるため。

128

3 本単元の授業プラン（時数10時間）

本書では，下の ☐ の事例を掲載しています。

	内容（Q：主な問い ☐：主な資料）	見方・考え方
2時間	**1 日本と外国とのつながり** 1．日本にある外国からきた文化 ☐外国からきた食料☐ ☐外国からきた工業製品☐ ☐外国からきた文化☐ Q 身のまわりにあるもので外国からきたものは，どのようなものがあるでしょうか。 2．日本とつながりの深い国 ☐つながりの深い国の国旗やデータ☐ Q 日本とつながりの深い国は，どのような国があるでしょうか。	1. 日本と外国との文化のちがいを生活の中から探し，文化の多様性に気づく。 2. 日本との位置関係やその国の人口のデータなどから，興味をもつ国を決めて調べる計画を立てる。
6時間	**2 文化や習慣のちがう国のようす** 1．～4．日本とつながりの深い国調べ ☐アメリカについての各種資料☐ ☐中国についての各種資料☐ ☐韓国についての各種資料☐ ☐サウジアラビアについての各種資料☐ など Q どこにあり，どのような気候，地形なのか。 Q 衣食住などの文化や習慣はどうか。 Q どのような産業，行事がさかんか。 Q 挨拶やマナー，学校生活や娯楽はどうか。 5．6．日本と似ている点やちがう点 Q 調べた国と日本とを比べて，似ているところやちがうところはどんなところでしょうか？	1.～4. **時間** それぞれの国の由来や歴史などを調べてまとめる。 **空間** 地図や写真などを使って特徴のある場所のようすを調べ，白地図にまとめる。 5.6. **相互関連** 日本と似ている点やちがう点，つながりの深い点などについて考え，まとめる。
2時間	**3 国際交流の果たす役割** 1．国際交流するための課題 ☐国際問題になった事例☐ ☐さまざまな国際交流☐ Q 理解が不足したために，問題になることはないのでしょうか。 2．国際交流の果たす役割 ☐オリンピック・パラリンピックについて☐ ☐国際博覧会について☐ Q なぜ，さまざまな機会に国際交流をしているのでしょうか。	1. 理解が不足したために国際問題になった事例をもとに，理解を深めることの大切さや交流することの意義について考えようとする。 2. スポーツや文化などを通して，他の国と交流するようすについて調べ，国際交流の果たす役割について考える。

6年

第4章 授業づくりのアイディアとプラン **129**

3 国際交流の果たす役割　配当9時間／10時間

1. 国際交流をするための課題

| 1 | 2 | 3 | 4 | 5 | 6 | 7 | 8 | **9** | 10 | 時 |

■**本時のねらい**　理解が不足したために国際問題となった事例について調べ，理解を深めることの大切さや国際交流の必要性について考えようとする。

■**本時のプラン**

◇活動　T：教師の働きかけ　Q：主な問い　●期待する子どもの反応	資　料
Q　理解が不足したために問題になることはないのでしょうか。	
◇これまでに学習した文化や習慣の違いを踏まえ，問題になりそうな場面を話し合う。 ●食事のマナーの違いは，知らないと誤解が生まれそう。 ●食べてはいけないものがある人がいるから，気を付けないとね。 ●服装についても，正装とされるものがちがっていたね。 ◇国際問題になった事例を示し，理解し合うことの難しさについて話し合う。 ●自分の考えを押し通すだけでは，ぶつかってしまうことがあるようだね。 ●表面的に知るだけでは，理解したことにならないね。 ●ちがう文化や習慣の人と交流することは，難しいようだね。	❶国際問題になった事例
T：世界の国々が交流する場面と言えば，どのようなことを思い浮かべますか。	
◇世界の国々が交流している場面と言って思いつくことを挙げる。 ●オリンピック・パラリンピック　　●ワールドカップ　　●ライブコンサート	
T：どのような国際交流があるでしょうか。	
◇国際交流について，調べる。 ●国際博覧会は5年に一度は開かれているよ。 ●技能五輪国際大会では，技能を競っているのだね。 ●J8サミットは，中高生が集まって意見交換をしているね。	❷さまざまな国際交流
◇まとめ ちがいをわかっているつもりでも，よく理解していないと問題になってしまうことがある。外国の人と交流することは難しいけれど，それでも国際交流を進めているのはなぜだろう。	

児童が「見方・考え方」を働かせるポイント

　これまで，日本とつながりの深い国々の人々の生活や文化の特色や習慣について調べ，日本の文化や習慣とのちがいについて理解している。
　そこで，本時では，ちがいを理解することの難しさについて国際的に問題になった事例を取り上げ，相互理解を深めることの大切さに気づかせる。その上で，国際交流をしている事例を調べることで，なぜわざわざ国際交流をしているのかという問題意識を持てるようにする。

 ## 資　料

❶ 国際問題になった事例

　食品に関することで，日本の大手食品メーカーが他国の消費者保護法に違反するとして回収命令を受けた事例がある。配慮が不足してしまったために問題になった事例である。他にも，フランスの公立学校内での服装について，問題になった事例がある。
　具体的な事例を提示することで問題を把握しやすくなるが，どのような立場にある人も傷つかないよう配慮する必要がある。

❷ さまざまな国際交流

　スポーツや文化などを通した交流のようすを，写真などで提示する。その際，例えば勝敗がついたときの写真を提示することで，国際交流といっても簡単にできるものなのかという疑問を持たせることができるようにすると，次時につながる。

スポーツを通した交流
（日米少年野球）

〔写真提供：
　朝日新聞社〕

文化を通した交流
（アジア太平洋こども会議・イン福岡）

〔写真提供：
　NPOアジア太平洋こども会議・イン福岡〕

2. 国際交流の果たす役割

| 1 | 2 | 3 | 4 | 5 | 6 | 7 | 8 | 9 | **10** | 時 |

■**本時のねらい**　スポーツや文化などを通して他国と交流するようすについて調べ，国際交流の果たす役割について考える。

■**本時のプラン**

◇活動　T：教師の働きかけ　Q：主な問い　●期待する子どもの反応	資　料
T：勝ち負けを競ったり，技術などを示したりすることが，交流になるのでしょうか。	
◇オリンピックで勝敗が分かれた写真などから関心をもち，さまざまな交流の趣旨について調べる。 ●オリンピックは，勝ったら嬉しいけれど負けたら悔しいから，仲良く交流する目的は達成しにくいのではないかな。 ●さまざまな技術を競うことも，勝敗が出るから上手に交流できるのか不安だね。 ●なぜ，さまざまな交流が進められているのか知りたいね。	❶オリンピック・パラリンピックについて
Q　なぜ，さまざまな機会に国際交流をしているのでしょうか。	
◇調べたことをもとに，文化や習慣がちがうのに，なぜわざわざ交流をするのか考える。 ●ただ，競うだけではなくて，平和な社会を築くことなども目的となっているよ。 ●国際博覧会は，将来の展望を示すもののようだよ。 ●みんなで世界のことを考える機会になっているようだね。 ●文化や習慣はちがうけれど，同じ人間としての願いは同じなのかもしれないね。	❷国際博覧会について
◇**まとめ** 文化や習慣のちがう国どうしが交流し合うことで，文化や習慣はちがっても人間として願うことに共通していることがあり，互いを尊重することで，平和な国際社会を築くことにつながる。	

児童が「見方・考え方」を働かせるポイント

本時では、現在行われている国際交流の事例として、オリンピック・パラリンピックや国際博覧会などを取り上げ、その目的や意義について調べる。その上で、国際交流の果たす役割について、ちがいを尊重したり未来志向で考えたりする機会になるとともに、人間としての願いが共通であることを考えることができるようにしたい。

 ## 資 料

❶ オリンピック・パラリンピックについて

オリンピック憲章によると、「オリンピズムは肉体と意志と精神のすべての資質を高め、バランスよく結合させる生き方の哲学である。オリンピズムはスポーツを文化、教育と融合させ、生き方の創造を探求するものである。その生き方は努力する喜び、良い模範であることの教育的価値、社会的な責任、さらに普遍的で根本的な倫理規範の尊重を基盤とする。」といった根本原則が定められている。

オリンピズムの理想をより具現化するために、IOCは、その価値として「卓越（Excellence）」、「友情（Friendship）」、「尊敬（Respect）」の3つを設定している。そして、これらをよりどころとして「スポーツ・フォー・オール」、「スポーツを通じた平和活動」、「スポーツを通じた教育活動」、「女性とスポーツ」、「スポーツを通じた開発」、「スポーツと環境」の6領域にわたる活動を行っている。

❷ 国際博覧会について

「国際博覧会条約」によれば、国際博覧会とは、「二以上の国が参加した、公衆の教育を主たる目的とする催しであって、文明の必要とするものに応ずるために人類が利用することのできる手段又は人類の活動の一若しくは二以上の部門において達成された進歩若しくはそれらの部門における将来の展望を示すものをいう」とある。

日本で開催された
国際博覧会・愛知万博

〔朝日新聞夕刊 2005年3月25日〕

（小林孝太郎　さいたま市立春野小学校）

■編著者

安野 功（やすの いさお）

1956（昭和31）年埼玉県生まれ。

埼玉県公立小学校教諭，指導主事を経て，文部科学省初等中等教育局教科調査官，国立教育政策研究所教育課程調査官として活躍。現在は，國學院大學人間開発学部教授。豊富な実践に基づいた明解な教育理論には定評がある。著者に『ことばの力が育つ対話型学級経営』，『学力がグングン伸びる学級経営』，『楽しくできる社会科の補充・発展学習』（編著），『学びの世界が広がる地図学習』（共編著），『社会科全時間の授業プラン』（全6巻，編著）（いずれも日本標準）など，多数。

■執筆者・協力者

（國學院大學人間開発学部 安野研究室研究生）

大熊 弘明（おおくま ひろあき）	深谷市立岡部西小学校教諭
栗原 完（くりはら たもつ）	本庄市立仁手小学校教諭
小林 孝太郎（こばやし こうたろう）	さいたま市立春野小学校教諭
関根 均（せきね ひとし）	熊谷市立妻沼南小学校教諭
時森 英明（ときもり ひであき）	さいたま市立文蔵小学校教諭

（50音順。所属は，2017年10月現在）

教師がつくる新しい社会科の授業

～授業づくりにおける5つのキーワード～

2017年11月15日　初版第1刷発行

編著者：安野功
発行者：伊藤潔
発行所：株式会社　日本標準
　　　　〒167-0052　東京都杉並区南荻窪3-31-18
　　　　Tel：03-3334-2630［編集］，03-3334-2620［営業］
　　　　URL：http://www.nipponhyojun.co.jp/
デザイン・制作：有限会社ジェット
本文図版・イラスト：後藤妙吉，細川留美子
印刷・製本：株式会社リーブルテック

©Isao Yasuno 2017
ISBN 978-4-8208-0627-1　C3037
Printed in Japan

＊乱丁・落丁の場合はお取り替えいたします。
＊定価はカバーに表示してあります。